„Der Fussl"

„DER FUSSL"

Vom Landkramer zur Modestraße

ueberreuter

1. Auflage 2017
© Carl Ueberreuter Verlag, Wien 2017
ISBN 978-3-8000-7690-1

Covergestaltung: Saskia Beck, s-stern.com
Coverfoto: © Andreas Schatzl
Satz: Hannes Strobl, Satz·Grafik·Design, Neunkirchen
Druck und Bindung: Finidr s. r. o.

www.ueberreuter-sachbuch.at

INHALT

KAUFMANN MIT LEIB UND SEELE

Wie es zu diesem Buch kam

Dies ist die Geschichte eines Kaufmanns aus einem Dorf in Oberösterreich. Er übernahm als Jugendlicher die kleine Gemischtwarenhandlung seines Großvaters in Ort im Innkreis und legte nach vielen Etappen schließlich den Grundstein für eine der führenden österreichischen Modeketten – die Fussl Modestraße.

Die Rede ist von Karl Mayr, dem Seniorchef von Fussl. Er ist „Der Fussl", aufs engste verbunden mit „seinem" Familienunternehmen, das die beiden älteren Söhne Karl und Ernst zur heutigen Größe ausbauten, mit über 160 Filialen in allen österreichischen Bundesländern und in Bayern.

„Der Fussl" kramt für dieses Buch in seinen Erinnerungen, erzählt von den Wurzeln seiner Familie, seiner Kindheit in der idyllischen Kramerei, dem geliebten Großvater, und er schildert seine Erlebnisse als Schüler und Praktikant. Immer wieder streut er Anekdoten ein und lässt uns teilhaben an den bescheidenen Anfängen im Geschäft, den Erfolgen, Schwierigkeiten und auch den Fehlschlägen. Der „Kaufmann mit Leib und Seele", wie ihn wohlmeinende Wegbegleiter schon sehr früh nannten, war ein Unternehmer, der im wahrsten Sinne des Wortes viel unternahm, um sein Ziel zu erreichen, nämlich zu wachsen und den Umsatz zu steigern. Als dies am Stammsitz nicht mehr möglich war, wagte er die Filialisierung.

Diesen mit sehr viel Arbeit gepflasterten, oft ganz eigenen Weg ging er unbeirrt, mit Mut, Fantasie und der nötigen Bereitschaft zum Risiko. An seiner Seite waren zunächst Großmutter und Mutter, dann seine Frau Berta, die als kongeniale Partnerin maßgeblichen Anteil am Erfolg von Fussl hat, sowie unzählige tüchtige Mitarbeiterinnen und Mitarbeiter.

Getreu dem Motto „Handel ist Wandel" war „Der Fussl" seiner Zeit oft voraus, etwa bei der Einführung der Selbstbedienung, dem Verzicht auf die Lebensmittel und der damit verbundenen Fokussierung auf Textilien. Mit der breit angelegten Werbung beschritt er ebenso Neuland wie mit dem eigenen Ladenbau. Nicht zu vergessen ist auch sein un-

Der „geborene
Kaufmann" vor
der Türe der
Fußl-Kramerei

ablässiger, über weite Strecken einsamer Kampf gegen die Bürokratie.
Trotz aller Erfolge verlor er nie die Bodenhaftung, blieb bescheiden und
persönlich anspruchslos.

Die Idee, ein Buch wie dieses zu schreiben, beschäftigt unsere Familie seit Jahren. Ursprünglich wollten wir, dass unser Senior seine Erinnerungen selbst zu Papier bringt. Da er sich jedoch nicht dazu überre-
den ließ, führten wir eine umfangreiche Serie von Interviews mit ihm.
Wer immer von der Familie dabei war, half seinem Gedächtnis wenn
nötig auf die Sprünge. Basierend auf den Transskripten all dieser Gespräche durfte ich, sein jüngerer Bruder, ihm meine Stimme geben und
seine Geschichte nacherzählen. Es war mir eine Freude!

Viel Freude wünsche ich auch den Leserinnen und Lesern beim
Schmökern in der Fussl-Story.

Wolfgang Mayr
Ort im Innkreis und Wien, September 2017

WIR KOMMEN VOM LAND

Unsere Wurzeln sind im Innviertel

Wenn ich gefragt werde, woher ich komme, hängt meine Antwort vor allem davon ab, wo die Frage gestellt wird und wer sie stellt. Im Innviertel genügt es, wenn ich sage: „Ich komme aus Ort." Denn hier wissen die Leute, dass es sich um Ort im Innkreis handelt. Doch schon in Linz sieht es anders aus. Sage ich nur Ort, glauben manche, es sei Ort am Traunsee gemeint. Deshalb antworte ich: „Ich bin ein Innviertler aus Ort im Innkreis." In Wien antworte ich zuerst, dass ich Oberösterreicher bin. Erst wenn ich echtes Interesse spüre, verrate ich mehr. Im Ausland sage ich meistens: „Ich komme aus Österreich" oder „I am from Austria", wie Rainhard Fendrich in seiner heimlichen Österreich-Hymne singt.

Aber jetzt möchte ich alles der Reihe nach erzählen.

Ich bin Österreicher, durchaus stolzer Oberösterreicher, meine Heimat ist das Innviertel, und daheim bin ich in Ort, in Ort im Innkreis. Hier, in diesem kleinen Dorf im Bezirk Ried, habe ich fast mein ganzes Leben verbracht, beim Fußl, im Elternhaus meiner Mutter.

Das Fußl-Haus, Ort Nr. 32, wie ich es aus meiner Kindheit in Erinnerung habe, lag idyllisch an der Mündung der Osternach in die Antiesen, in dem rechten Winkel, den die beiden Bäche bildeten. Parallel zum Haus mit dem kleinen Geschäft erstreckten sich ein Landwirtschaftsgebäude, ein gemauerter Stall und eine große Scheune, umgeben von einem Obstgarten.

Das Haus ist seit 1880 im Besitz unserer Familie. Mein Urgroßvater Felix Fußl, aus einfachen Verhältnissen von der Guppenbergersölde[1] in der kleinen Ortschaft Maasbach[2] stammend, kaufte es damals, vermutlich mit der Mitgift seiner Frau Juliane, geb. Dötzlhofer, einer Tochter vom Hansbauern in Rad, dem heutigen Kammer. Die beiden hatten im selben Jahr im Jänner geheiratet, im April kam ihr erster Sohn – Felix – zur Welt. Die Geschichte der „kurzen Lieferzeit" des Erstgeborenen sollte sich Generationen später wiederholen.

Felix Fußl hatte schon seit 1871 eine Kramerei betrieben, deshalb führen wir die Gründung des Unternehmens auf dieses Jahr zurück. Im

Felix und Juliane Fußl. Die Urgroßeltern gründeten die
Kramerei

Haus Ort Nr. 32 ist erstmals 1715 eine Kramerei nachgewiesen.[3] Seither
war dort mehrmals auch ein Badermann ansässig, eine Art Vorläufer
des späteren Landarztes. Das Haus war also schon viel früher als Kra-
mer- oder Badermannhaus bekannt.

Großvater Karl Fußl übernahm 1911

Nach Urgroßvater Felix Fußls Tod im Mai 1911 trat der 1881 geborene zweite Sohn Karl im Alter von 30 Jahren das Erbe an. Der um ein Jahr ältere Bruder Felix war schon 1901 an Lungentuberkulose[4] verstorben. Er hätte das Schmiedehandwerk erlernen sollen und war demnach nicht für die Übernahme der Kramerei vorgesehen. Die 1884 geborene einzige Tochter Juliane heiratete Josef Dietrich, Bauer am Tischlergut in Bamersberg.

Mein Großvater Karl Fußl, der Kaufmann und Schneidermeister war, stand nach dem plötzlichen Tod seiner Mutter im Mai 1912 alleine da. Er hatte das Heft zwar schon seit einiger Zeit in der Hand, doch jetzt musste eine Frau ins Haus. Am 29. Oktober heiratete er die Schneiderin Maria Daller, die vom k. k. Bezirksgericht Obernberg aus Anlass der Eheschließung für großjährig erklärt wurde[5]. Kennengelernt

Die Geschwister Karl, Felix und Juliane

Karl und Maria Fußl – Hochzeitsbild der Großeltern 1912

15

hatte er sie beim Hagerschneider im Haus vis-à-vis, wo sie als Näherin beschäftigt war.

Maria Daller war die uneheliche Tochter der Anna Daller vom Dobler hinterm Tannert in Stött. Ihr Vater[6] war der Gastwirt Josef Langgruber, der seine Vaterschaft nie in Abrede stellte. Trotzdem ließ er die Kindesmutter sitzen und heiratete stattdessen eine Tochter vom Mayrgut in Ort, wofür die Mitgift wohl den Ausschlag gegeben haben dürfte. Zu seiner Ehrenrettung sei festgehalten, dass sich der Langgruber-Wirt stets um seine uneheliche Tochter kümmerte und ihr auch bei ihrer Trauung als Zeuge zur Seite stand. Die Hochzeitsfeier fand in seinem Gasthaus nahe der Kirche statt, und vermutlich trug er auch zu ihrer Aussteuer bei. Das Verhältnis zwischen der Fußl- und der Langgruber-Verwandtschaft blieb über Generationen hinweg eng. Der Fußl-Oma blieb es freilich nicht erspart, dass sie sich von meinem Bruder Wolfgang und mir immer wieder anhören musste, sie sei ein „Kind der Liebe".

Da Urgroßvater und Großvater Fußl offenbar gut gewirtschaftet hatten, war es möglich, noch vor Ausbruch des Ersten Weltkrieges großzügig zu bauen. An das jahrhundertealte Holzhaus wurde ein lang gestrecktes gemauertes Gebäude angebaut und mit der Aufschrift „K. Fußl. Gemischtwarenhandlung u. Schneiderei. Ort. Nr. 32" versehen. Auf einem Foto des Hauses aus den 1920er-Jahren ist ausgerechnet der Name Fußl durch einen Baum verdeckt. Werbetechnisch war es beim Fußl damals noch nicht weit her.

Das Fußl-Haus Ort Nr. 32, im Vordergrund die Familie

Im Jahr 1913 kam meine Mutter als erstes Kind zur Welt. Sie wurde auf den Namen Maria getauft. Der ersehnte Stammhalter, der einmal das Geschäft übernehmen sollte, stellte sich erst 1920 ein. Es war mein Onkel Karl.

Den Ersten Weltkrieg überstand der Großvater unversehrt. Bei der Musterung[7] im Zuge der Mobilisierung war er im Oktober 1914 wegen eines Herzklappenfehlers als „nicht geeignet" entlassen worden. Mehr als 100 Jahre später sollte bei mir ein ähnliches Herzproblem auftreten. Eine weitere Musterung im Juni 1916 brachte wohl wegen der schweren Verluste ein anderes Ergebnis: Karl Fußl sei „zum Landsturmdienst mit der Waffe geeig-

Karl Fußl 1918 in der Uniform des Landsturmgefreiten

net", hieß es jetzt. Schließlich wurde er als tauglich zum Bewachungsdienst klassifiziert und rückte nach Südtirol ein. Bald landete er in den Retablierungswerkstätten des k. u. k. Materialdepots Innsbruck, wo er bis Kriegsende als Uniformschneider tätig war. Am 1. August 1918 wurde er zum Landsturmgefreiten befördert. Fotos aus jener Zeit belegen, wie stolz mein Großvater auf seine Militärzeit war.

Rechtzeitig bevor das Geld seinen Wert verlor, kaufte der Großvater noch 1918 das benachbarte Haus Ort Nr. 31, das nach einem früheren Besitzer Antesnerhaus[8] genannt wurde. Alle sonstigen Ersparnisse gingen in den Jahren der Inflation verloren. Wie in den meisten Gemeinden wurde auch in Ort Notgeld ausgegeben. Auch die Kriegsanleihen waren nicht mehr das Papier wert, auf dem sie gedruckt waren.

Die Mayrs stammen aus dem Bezirk Schärding

Nun komme ich zu den väterlichen Wurzeln, die im Bezirk Schärding liegen. Beginnen will ich mit meinen Urgroßeltern Johann und Juliane Mayr[9], vom Schneiderbauer in Dietraching, einer kleinen Ortschaft

Die Mayr-Urgroßeltern um 1900 mit den elf Kindern. In der letzten Reihe stehend v. r. Alois und Cäcilia Mayr, meine Großeltern

in der Gemeinde St. Marienkirchen bei Schärding. Johann und Juliane hatten elf Kinder. Ihr vierter Sohn Alois ist unser Großvater, Müller und Bäckermeister in Wernstein am Inn, verheiratet mit Cäcilia, geborene Gangl, einer Bauerntochter vom Moa in Rainbach bei Schärding.

Alois Mayr kaufte die ehemalige Burgmühle von Neuburg, wo 1910 unser Vater Karl Mayr zur Welt kam. In einer kurzen Lebensgeschichte schreibt der Papa, er sei „ein zartes, schwaches Knäblein" gewesen, „anfällig für alle Kinderkrankheiten". Zwei Mal habe an seinem Bett „schon die Sterbekerze" gebrannt.

Unser Papa hatte drei ältere Geschwister. Die beiden Brüder – Alois, der das Geschäft in Wernstein übernahm, und Georg – waren Bäcker. Papas Schwester Cäcilia, verheiratet mit dem Fleischhauer Friedrich Aumair in Ort, war ihr Leben lang neidisch auf ihn, weil er als Erster der Familie „studieren" durfte. Er besuchte die Bischöfliche Lehrerbildungsanstalt in Linz, und sein Herzenswunsch war es, Lehrer zu werden.

Die Mayr-Großeltern. Der kleine Blonde in der Mitte ist unser Vater

Dennoch besuchte mein Vater seine Schwester oft in Ort und lernte dadurch eines Tages die junge Kaufmannstochter Mitzi Fussl, ein zartes, liebliches Mädchen, kennen und lieben. Er war damals als jüngster Oberlehrer im Land bereits wohlbestallter Leiter der Volksschule in Schardenberg – ein Schulmeister also. Somit stand einer Hochzeit nichts im Wege. Die Trauung fand am 27. August 1935 im Dom zu Salzburg statt, ihre Hochzeitsreise ging – für die damalige Zeit ziemlich nobel – nach Venedig und Rom.

Ein Jahr später, am 8. November 1936, erblickte ich im Krankenhaus Schärding das Licht der Welt. Da meine Eltern in Schardenberg wohnten, verbrachte auch ich dort meine ersten Lebensjahre. Nachdem der Vater zur deutschen Wehrmacht eingezogen worden war, übersiedelten wir endgültig nach Ort zum Fußl, in das Elternhaus meiner Mutter.

So ausführlich über meine familiären Wurzeln zu erzählen, liegt mir am Herzen. Meiner Meinung nach ist es für jeden Menschen wichtig zu wissen, woher er kommt. Niemand sollte seine Herkunft verleugnen, schon gar nicht seine nahe bäuerliche Abstammung. Unter meinen Vorfahren waren tüchtige Leute, die solide gewirtschaftet haben, so wie meine beiden Großväter, Kaufmann der eine und Bäcker der andere, die beide außerdem noch eine Landwirtschaft betrieben.

Hochzeitsbild der Eltern 1935

SEINERZEIT BEIM FUßL

Eine dörfliche Idylle

An meine Kindheit beim Fußl in Ort habe ich vorwiegend schöne Erinnerungen. Als kleiner Bub wurde ich von allen Seiten verwöhnt, ich
war der Liebling der Familie. Besonders lieb hatte mich der Opa. Ich
war damals sein einziges Enkerl, und er war der einzige Mann im Haus,
meine wichtigste Bezugsperson. Mein Vater war ebenso im Krieg wie
Onkel Karl, der Bruder meiner Mutter. Vom Opa bekam ich nicht ein
einziges Mal ein böses Wort zu hören, freilich redete er auch nicht viel.
Er war ein ruhiger Mensch.

Ich war keine drei Jahre alt, als die Mama 1939, kurz vor Kriegsaus-
bruch, mit mir in ihr Elternhaus übersiedelte. Der Papa war wenige
Tage nach dem sogenannten Anschluss als Leiter der Volksschule Schardenberg vom Dienst enthoben, nach Altschwendt und später nach Zell

Mit dem Fußl-Opa 1937

an der Pram versetzt worden. Unmittelbarer Anlass war, dass er den Hitler-Gruß mit „Grüß Gott!" erwidert hatte. Allerdings war er schon zuvor als Anhänger des Ständestaates abgestempelt worden, weil er für ein Dollfuß-Denkmal die Schrift entworfen hatte. Um ihn auf NS-Kurs zu bringen, musste er sich im Ausrichtelager des NS-Lehrerbundes in Schmiding bei Wels einer „Umerziehung" unterziehen. Den neuen Machthabern gelang es allerdings nicht, aus meinem Vater einen Nazi zu machen, da bin ich mir sicher.

Bald waren das Haus mit der Kramerei, Stall und Stadel, der große Obstgarten und die Ufer der beiden Bäche Antiesen und Osternach ein einziger großer Spielplatz für mich und die Kinder aus der Nachbarschaft. Wir spielten Verstecken und Fangen, Räuber und Gendarm und vieles mehr. Am liebsten war mir jedoch der Platz hinter der Budel im Laden.

Das Fußl-Haus liegt nicht mitten im Dorf, sondern in der sogenannten Unteren Hofmark, die seinerzeit die Besitzer von Schloss Ort[10] angelegt hatten. Von den fünf Orter Kramereien hatte der Fußl die ungünstigste Lage, abgelegen in einer Sackgasse und weit weg von der Kirche. Wer mit einem Fuhrwerk – Autos gab es erst ganz wenige – zum Fußl wollte, überquerte die Osternach über die „Fußl-Brücke" und war nach wenigen Metern auf einer schmalen, leicht abfallenden Schotterstraße am Ziel. Von der anderen Seite führte ein Steg über die Antiesen zum Fußl.

Schon von der Brücke aus war das Fußl-Anwesen, wenn man es so nennen will, gut zu sehen, jedenfalls der Teil, der nicht hinter Bäumen versteckt war: ein gemauertes Haus mit der Aufschrift „K. Fußl Gemischtwarenhandlung u. Schneiderei Nr. 32", mit der Ladentür und dem Schaufenster daneben; davor, etwas zurückgesetzt, ein altes Holzhaus mit kleinen Fenstern und Fensterläden und einer Nische, in der eine große, gemütliche Holzbank stand, oft besetzt, wenn im Geschäft nichts los war und im Sommer bis in die Nacht hinein beliebter Ort für Gespräche auch mit Freunden und Nachbarn. Und da wurde g'redet, g'ratscht – es gab ja noch kein Fernsehen – und g'raucht. Und wenn wer vorbeiging und um ein Packerl Zigaretten fragte, dann hat er es bekommen.

Die Holzfassade zur Straße hin war mit Werbetafeln aus Blech vollgepflastert, geworben wurde für Traditionsmarken wie Persil und Hen-

Der Garten war mein
großer Spielplatz

Blick auf die Untere
Hofmark mit dem Fußl-
Haus. Im Vordergrund die
Bründl-Kapelle

kel, Franck und Kathreiner, Titze, Osram-Lampen und Shell. Bis zum Kriegsbeginn gab es nämlich vor dem Geschäft eine kleine Handbenzinpumpe, mit der vor allem die Tanks der beliebten Sachs-Motorräder, laut knatternde Zweitakter, befüllt wurden.

Vor dem Holzhaus war ein großer Obst-, Gemüse- und Blumengarten, umgeben von einem schönen Zaun. An der Südwand rankten sich Weinstöcke und auf einem Spalier Birnbäume. Ums Eck waren Stöße mit Holzscheiten. Parallel zum Haus erstreckten sich Stall und Stadel. Zwischen den beiden Gebäuden war der Hof, breit genug für alle Fuhrwerke.

Das Leben beim Fußl verlief in jener Zeit langsam und beschaulich. Die Kramerei wurde bei Tagesanbruch aufgesperrt, vereinzelt kam schon in aller Herrgottsfrüh Kundschaft. Auch am Sonntag war nach der Messe offen.

Der Großvater kümmerte sich ums Geschäft, vor allem um den Einkauf, und um die Landwirtschaft, wobei für die Stallarbeit eine Magd im Haus war. Sonst gab es keine Dienstboten. Die Großmutter führte den Haushalt, kochte und versorgte die Hühner. Wenn nötig, half sie im Verkauf mit. Sie ging jedoch immer dann in den Laden, wenn sie das Gefühl hatte, dass der Opa mit einer Kundin schäkerte. Das war zwar alles harmlos, aber sie war eifersüchtig und hat manchmal gesponnen. Rückhalt fand sie bei ihrer Mutter, Anna Daller, also meiner Urgroßmutter, die viele Jahre bis zu ihrem Tod im Jahr 1939 im Haus lebte. Opa reagierte auf solche Szenen nur mit einem Brummen und zog sich zurück. So jung ich auch noch war, ich hätte für ihn die Hand ins Feuer gelegt. Es war für mich unvorstellbar, dass er irgendetwas hätte anstellen können.

Letzten Endes halfen im Haus immer alle mit. Es wäre auch gar nicht anders gegangen. Die drei Bereiche Geschäft, Schneiderei und Landwirtschaft waren durchwegs ganz klein strukturiert. Während des Krieges arbeitete auch die Mama mit, überall, wo sie gebraucht wurde. Sie führte auch die Buchhaltung.

Sonntag auf der Hausbank. Im weißen Kleid die Mama, neben ihr Onkel Karl

Blumen für die Mama

EIN BLICK IN DIE ALTE KRAMEREI

Regale, Laden und Gerüche

Von der Straße aus erreichte man über drei breite Steinstufen durch eine massive Holztür den Laden. Eine Klingel läutete – nein, schnarrte – und meldete, dass Kundschaft eintrat. Mit rund 38 Quadratmetern war das Geschäft meiner Kindheit kleiner als so manche Bauernstube und blieb so bis Mitte der 1950er-Jahre. Was wurde in diesem kleinen Raum nicht alles angeboten! In jedem Winkel roch es anders, nach allerlei Spezereien, Rum oder Waschmitteln. Leider existiert kein einziges Foto vom Ladeninneren. Mit Unterstützung meiner Brüder Wolfgang und Bruno versuche ich, möglichst viele Details der alten Kramerei zu beschreiben.

Eine treue Kundin

In der Mitte stand die große Budel, ein länglicher Verkaufstisch, nach vorne geschlossen. Dort war der Platz für die Kunden. Auf der anderen Seite waren die oft als „Budelhupfer" verspotteten Verkäufer, also meist der Großvater. Am Rand der Budel standen die Waage und die Gewichte. Darunter befand sich ein Ladel für das Geld und die Büchel, in denen für Stammkunden aufgeschrieben wurde. In den offenen Fächern waren Papiersäcke und anderes Material zum Verpacken.

Über der Budel an der Decke war eine Stange befestigt. An Ringen hingen dort allerhand Sachen wie zum Beispiel kleine Küchengeräte, Bürsten, Stofftaschen und ähnliches Zeug. An den Wänden, im Blickfeld der Kunden, waren Regale und Laden in verschiedenen Größen. Es gab ja noch viele offene Waren, sogar Gewürze, die in kleine Stanitzel eingeschlagen wurden. Salz lagerte in einer massiven Holzkiste, Mehl in einem großen Sack. Rum wurde aus einem 25-Liter-Fass in weiße emaillierte Messbecher, sogenannte Maßl, abgelassen und in die von den Kunden mitgebrachten Flaschen gefüllt. Daneben standen eine große Flasche Maggi, aus der die kleinen Flascherl der Kunden befüllt wurden, und ein Fünf-Liter-Glas Essiggurken, die mit einer Holzzange herausgefischt wurden. Nicht zu vergessen das hölzerne Krautfassl!

Zigaretten, Zigarren und Tabak waren in einem Extrafach mit verglasten Schiebetüren untergebracht. Seinerzeit gab es viel weniger und nur österreichische Marken: Egyptische, Memphis, Nil, Austria 3 und Austria 2, Donau und Sport. Die billigsten Zigaretten waren die 3er, die aus Hunderterpackungen auch einzeln verkauft wurden. Dazu kamen ein paar Tabaksorten, auch Schnupftabak, ein bescheidenes Angebot an Zigarren und klarerweise Virginier. Unser Großvater hatte die Verschleißbefugnis für eine öffentliche Trafik im Jahr 1911 erhalten, und wir betreiben die Trafik noch immer.

Schon als kleiner Bub, vielleicht mit fünf oder sechs Jahren, half ich das erste Mal im Geschäft mit, so wie später meine Brüder auch. Wir wuchsen quasi hinter der Budel auf – und das war bei Gott nicht schlecht! So eine Kramerei ist ein hochinteressanter Spielplatz, nicht umsonst spielen so viele Kinder bis heute begeistert mit einem Kaufmannsladen. Wir hatten immer viel zu tun. Waren aus dem Magazin herauszuräumen und in die Regale nachzuteilen. Die verschiedenen Packerl Kaffee Linde und Titze, Oberlindober, Imperial-Feigenkaffee und Mocca-Linde-Rollen, da war schon Bohnenkaffee beigemischt, genau ausgerichtet einzuräumen. Oder die Waschpulverpackungen von Persil, Omo, Frauenlob und all den anderen Marken an den richtigen Platz zu bringen.

Die Zuckerl waren in schöne Glasbehälter gefüllt. Seidenzuckerl, Krachmandeln, Saure Drops, Kirstein-Blockmalz und andere Sorten wurden mit kleinen Aluminiumschauferln in weiße Papiersackerl oder Stanitzel, oft auch aus Zeitungspapier, eingewogen. Nicht selten kamen Kinder um einzelne Stollwerck-Zuckerl. Schokoladen, früher nur von Bensdorp, später auch von Suchard, und andere Süßigkeiten wurden in einem Glasregal auf der Budel angeboten. Im Sommer lagen daneben die Schachteln mit den Brausetabletten, die runden von Mars gab es je nach Geschmack in drei Farben.

Natürlich führten wir auch Bohnenkaffee, aufbewahrt in schönen dunkelroten Metalldosen. Wenn man unten an dem Verschluss drehte, fielen die Bohnen heraus, wurden in einer Schaufel aus Messing aufgefangen und abgewogen. Bohnenkaffee blieb noch für viele Jahre ein Luxusartikel, den sich nur wenige Menschen leisten konnten. Das war etwas Besonderes für Festtage wie Weihnachten.

Mit einem Sägeschartenofen, der manchmal auch jetzt noch in Werkstätten verwendet wird, wurde das alte Geschäft beheizt. Gott sei Dank kam es nur selten vor, dass der Deckel in die Luft flog, weil der Ofen schlecht gestopft worden war, aber wenn, dann war es jedes Mal eine Mordssauerei.

Mehl und Zucker – Lecksteine und Rübensamen

Wir verkauften alles, was die Leute am Land damals für den täglichen Bedarf brauchten: Lebensmittel, soweit sie diese nicht selbst erzeugten, Wasch- und Putzmittel, Geschirr, Papierwaren, Schulhefte und so fort. Sogar Saiten für Zithern hatten wir auf Lager. Die Milch der eigenen Kühe gaben wir nur an ein paar Stammkundschaften ab, von der Oma eher großzügig abgefüllt in bereitgestellten Kannen, sogenannten Pitschn. Obst, Gemüse und Salat verkauften wir damals noch nicht.

Natürlich hatten wir auch Stoffe im Angebot, also Meterware, schließlich war der Großvater ja Schneidermeister und die Großmutter gelernte Schneiderin. Die Ballen und Rollen mit Mantel- und Anzugstoffen, Futter und Schürzendruck, Blaugradl für Arbeitskleidung, dann der für strapazierfähige Hosen bestimmte Struck und der schwarze Cloth für Schürzen und Turnhosen füllten ein ganzes Regal. Daneben lag Wäsche und außerdem Wolle, die besonders wichtig war. Es wurde ja noch sehr viel gestrickt.

Darüber hinaus führten wir Farbwaren, Terpentin und Firnis, Petroleum, Eisenwaren, alle Sorten Nägel, auch die langen für die Zimmerleute, Klampfen und Stacheldraht, Sensen und Kuhketten, Stricke, Zaumzeug und sonstige landwirtschaftliche Produkte, Salz-Lecksteine und Rübensamen. Lauter Waren, die jetzt Lagerhäuser und Baumärkte anbieten. Auch Kalk gab es damals beim Fußl, gelöscht in einer Kalkgrube im Obstgarten. Mit einem an einer langen Stange befestigten Pfandl wurde der Kalk herausgeschöpft und in die Gefäße der Kunden gefüllt.

Zehn Kramereien im Einzugsgebiet von Ort

In unserem Dorf Ort im Innkreis gab es zu jener Zeit fünf Kramereien, auf rund 200 Einwohner kam ein Geschäft. Das kam aus der Nazi-Zeit, die Nazis erlaubten nämlich Geschäfte nur nach der Bevölkerungszahl. Das war also weder Staats- noch Marktwirtschaft, sondern irgendetwas dazwischen.

Die Gemeinde Ort ist mit 1200 Einwohnern sehr klein. Schuld sind willkürlich gezogene Gemeindegrenzen. So reicht Reichersberg bis an unseren Ortsrand heran, bis auf einen Steinwurf an unser Geschäft. Pfarre, Schulsprengel und Postrayon kommen mit den quasi natürlichen Grenzen auf fast 2000 Seelen. Und in diesem Gebiet hat es damals zehn Kramereien gegeben, die fünf im Dorf, die anderen in den umliegenden Ortschaften. Die meisten Kramer hatten – so wie wir – eine Trafik und eine kleine Landwirtschaft. Ohne diese hätte eine Familie nicht existieren können. Zusätzlich gingen die meisten Männer noch arbeiten.

Geschneidert wurde in der Stube

Vom Geschäft aus ging man ein paar Stufen hinunter in die Stube des alten Holzhauses. Durch ein Doppelfenster in der Türe konnte man in den Laden hineinsehen, wenn man die Scheibenvorhänge einen Spaltbreit zur Seite schob. Der relativ niedrige Raum, etwa vier Mal sechs Meter groß, war Wohnzimmer und Schneiderei in einem. Groß gewachsene Leute konnten unter der Decke aus Holztram nicht aufrecht stehen.

Neben dem frei stehenden, schlichten Kachelofen stand eine einfache Holzbank an der Wand, davor ein Tisch mit alten, schon etwas wackeligen Thonet-Sesseln aus gebogenem Holz. Hier wurde gegessen, am Abend wurden Geschichten erzählt, man las Zeitung oder spielte Karten. Schnapsen brachte mir der Opa bei, noch bevor ich lesen und schreiben konnte. Übrigens spielten wir nicht mit Doppeldeutschen Karten, sondern mit Salzburger[11] Karten. Auf dem Schell-Ass, also der Sau, war ein riesiger Eber abgebildet. Diese Karte gefiel mir besonders gut. Später gab es nur mehr die Doppeldeutschen Karten von Piatnik, die wir auch im Geschäft verkauften.

An der Wand gegenüber stand ein Schubladenkasten, auf einem Regal darüber ein Radioapparat der Marke Minerva, seinerzeit die wichtigste Informationsquelle. Im Krieg wurden im Radio natürlich auch die Wehrmachtsberichte verfolgt. Vor allem wollten wir wissen, wie es an den Frontabschnitten aussah, wo der Vater und der Onkel im Einsatz waren. Zu einer Art Pflichtprogramm wurde irgendwann ab 1946 der wöchentliche Kommentar „Man steht am Fenster", den Vinzenz Ludwig Ostry[12] im Sender Rot-Weiß-Rot sprach. Der klang fast wie eine Predigt. Von diesem Sender wurde später auch die beliebte Quizsendung „Die große Chance" mit Maxi Böhm übertragen. Die Kennmelodie – „Die große Chance, die große Chance, sie klopft an deine Tür …" – habe ich noch heute im Ohr.

Ein großes eckiges Sofa mit hoher Rückenlehne nahm in der Stube viel Platz ein, es war ein richtiges Monstrum. Darüber an der Wand hing leicht nach vorne geneigt ein großer Spiegel, der mich als Kind schon fasziniert hat.

Vis-à-vis stand der Schreibtisch des Großvaters, oberhalb ein Wandtelefon, das in den 1930er-Jahren eingeleitet worden war. Damals gab es in Ort weniger als ein Dutzend Anschlüsse, und der Fußl war dabei, was belegt, wie fortschrittlich der Opa eingestellt war.

Im Eck links mit dem Hausaltar[13] war etwas erhöht die „Schneiderei" mit den beiden Nähmaschinen. Dieser Platz war dafür am besten geeignet, weil durch zwei Fenster von beiden Seiten Licht hereinfiel. Zusätzlich arbeitete die Oma gern auch an einer Handnähmaschine, angetrieben mit einer Kurbel. In jungen Jahren hatte sie diese Maschine auf einem Traggestell mitgeschleppt, als sie zum Schneidern von Haus zu Haus auf die Stör[14] ging.

Die Schneiderei wurde nicht wirklich intensiv betrieben, obwohl das Gewerbe bereits seit 1903 angemeldet war. Ab und zu schneiderte der Großvater einen Anzug, damals eine seltene Investition, oder einen Mantel. Die Frauen bekamen vielleicht alle 20 Jahre einen neuen Mantel. Wäre das heute noch so, dann könnten wir als Modehändler nicht davon leben. Die Großmutter schneiderte eher einfache Sachen, wie Kleiderschürzen und Blusen. Die Kundinnen suchten sich den Stoff

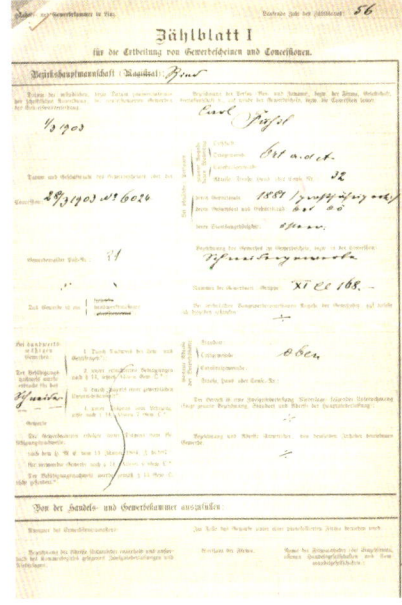

Opas Lehrzeugnis als Kleidermacher 1898

„Concession" für das Schneidergewerbe vom 28. März 1903

aus, der wurde zugeschnitten, zusammengenäht, dazu ein paar Knöpfe – und fertig war so ein Stück. Lager für Konfektion hatten wir keines, das kam erst viel später.

Einige Teile aus der Frühzeit der Schneiderei überdauerten viele Jahrzehnte. Und das kam so: Wolfgang, seit jeher an alten Sachen interessiert, hob eine Schachtel mit weißen, handgenähten Herrenunterhosen auf und zeigte sie eines Tages seiner Frau Renate. Sie probierte eine der für den Winter bestimmten langen Hosen an und trägt das exklusive Modell nach wie vor, im Sommer! Kurze Zeit später traf Renate meine Frau Berti in Wien. Berti: „Renate, du hast da aber eine fesche Hose an! Wo hast du die denn her?" Renate: „Vom Fussl natürlich." Berti: „Die kenne ich gar nicht." Renate klärte sie lachend auf: „Die ist vom Fußl-Opa und an die 100 Jahre alt!"

Ein schlagender Beweis für Qualität.

Obwohl die Schneiderei in der Firmengeschichte keine große Rolle spielte, verweisen wir in der Werbung für die Fussl Modestraße nicht ohne Stolz auf diese Tradition. Denn schließlich ist es so: Fussl macht seit über 100 Jahren Mode.

Fast eine Rauchkuchl

Die Küche lag etwas eingezwängt zwischen dem alten Holzhaus und dem gemauerten Haus. Der Boden war verfliest, sehr kleinteilig und einfach. Vom Laden und vom Gang führten Stufen in die Küche, von der Stube aus ging es eben hinein. Der Raum war so hoch wie das Geschäft, nur die in eine Nische hinein gebaute Kochstelle war niedrig. Dort befand sich ein großer Herd, mit Holz zu beheizen, mit einem Rohr zum Braten und Backen sowie dem üblichen Wasserschiff. Dieser Schlupf – man kann dieses Loch durchaus so nennen – war verraucht und verrußt. Die Längsseite nahm eine Anrichte ein, auf der allerlei Geräte standen wie zum Beispiel eine Milchschleuder und eine Buttertrommel.

Fließendes Wasser gab es im Haus nicht, vielmehr musste man es aus dem Brunnen hereinpumpen. Pumpen waren in der Küche, im Hof und im Stall. Damit fehlten auch die Voraussetzungen für ein WC, ein Wasserklosett. Das Klo war ein Plumpsklo im Stadel, zu erreichen durch einen unbeleuchteten Gang.

Die geräumigen Schlafzimmer befanden sich im ersten Stock, jeder Raum ausgestattet mit einem Waschtisch. In einem dieser Zimmer stand ein hoher Gläserkasten für schönes altes Geschirr, bunte Gläser und andere wertvolle Dinge. Vermutlich Geschenke, die die Großeltern zu ihrer Hochzeit bekommen hatten. Zur damaligen Zeit war es üblich, solch kostbare Dinge nur für besondere Anlässe zu benutzen oder sie gleich in dem Schaukasten zu belassen.

DER GROSSVATER – KAUFMANN, SCHNEIDER, BAUER

Besonders am Herzen lagen ihm sein Ross und die Landwirtschaft

Mein Großvater Karl Fußl hat drei Berufe ausgeübt: Kramer, Schneider und Bauer, wobei die Bezeichnung Häuslmann für die kleine Landwirtschaft viel besser passt. Er war ein solider Kaufmann, kein großer Meister im Schneidern, wirklich interessiert hat ihn dafür die Landwirtschaft. Abgesehen von der Arbeit war ihm sein Ansehen bei den Leuten sehr wichtig. Und er musste dafür eigentlich nichts weiter tun, war er doch seinem Wesen nach ein überaus freundlicher und hilfsbereiter Mann, gutmütig und freigiebig.

Dies veranschaulicht beispielsweise die Geschichte mit den Bücheln, in denen viele Kundschaften aufschreiben ließen. Am Sonntag holte er diese Büchel aus der Lade unter der Budel, setzte sich an den Schreibtisch in der Stube und sah die Schuldstände durch. „Das kriegen wir nie mehr", meinte er zu seiner Frau. „Die hat eh kein Geld, dös streich ma glei!" Es waren keine Riesensummen, oft nur Kleinigkeiten, aber auch die summierten sich. So war er, der Opa! Oft half er in der Verwandtschaft und im Bekanntenkreis mit größeren Summen aus. Manchmal sah er das Geld nie wieder. Wiederholt gab er dem Drängen nach und stand als Bürge gut. Auf diese Weise kam 1933 das Haus Ort Nr. 81, bekannt unter dem Namen des früheren Eigentümers, des Tischlermeisters Georg Hasibeder, das sogenannte Hasibeder-Haus, in seinen Besitz. Auf diesem Grundstück wurde 2017 das neue Orter Gemeindeamt errichtet.

An erster Stelle stand für den Großvater die kleine Landwirtschaft, die er mit Leidenschaft betrieb. Er kaufte Grund dazu, pflanzte den großen Obstgarten rund ums Haus, hielt Stall, Scheune und die nötigen Maschinen gut in Schuss. Besonders am Herzen lag ihm sein Ross. Am liebsten hätte er sicher einen Traber gehabt. Das ging aber nicht, da er das Pferd auch für den Einsatz in der Landwirtschaft brauchte. Er musste also gewisse Abstriche machen. Sein Ross ging jedenfalls schneller als die „Dicken" der meisten Bauern. Mit dem „Bräunl", wie er ihn nannte, fuhr er nach Ried, um einzukaufen, oder nach Obernberg, um Tabak zu fassen.

Für diese Ausfahrten gab es eine Reihe von Fahrzeugen, etwa ein sogenanntes Steirerwagerl mit einer kleinen Ladefläche, zu dem wir heute Pritschenwagen sagen würden. Unter dem gepolsterten Bock war ein Fach, um kostbare Fracht wie Zigaretten zu verstauen. Für größere Transporte war der grün angestrichene Gummiwagen da, natürlich auch mit einem Bock. Für den Winter waren Schlitten im Wagenschuppen, darunter auch ein Rennschlitten zum Gasselfahren[15].

Einkaufen in Ried

Üblicherweise fuhr der Großvater einmal in der Woche nach Ried, in die für uns nächstgelegene Stadt. Allein das Einspannen dauerte so lange wie heute die Fahrt mit dem Auto dorthin. In Ried war der wichtigste Grossist ansässig, der Gruber, damals noch mit dem Hauptgeschäft am Roßmarkt. Zum Gruber gab es nicht nur langjährige geschäftliche Beziehungen, sondern auch eine persönliche Bindung. Die Mama hatte nämlich bei der Familie Gruber gewohnt, als sie in Ried in die Bürgerschule ging, die damalige Hauptschule. Sie war dort wie eine Tochter

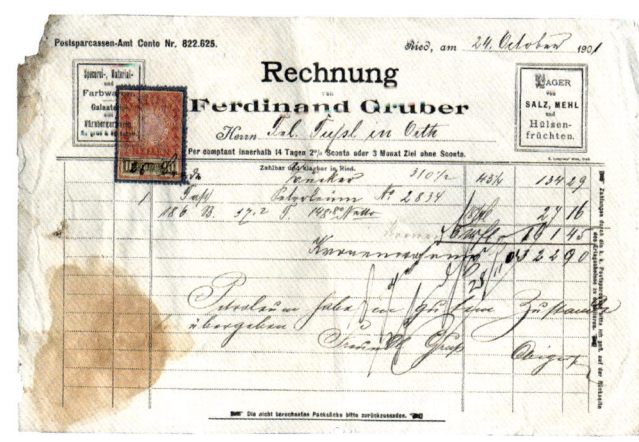

Jahrzehnte-
lange Bezie-
hungen mit
Gruber in
Ried. Rech-
nung von
1901

aufgenommen worden. Die Treue zu dieser Firma war für uns seither quasi eine Verpflichtung. Abgesehen davon blieb der Gruber geschäftlich noch lange Zeit der Beste und begleitete später viele Jahre unseren Aufschwung.

Der Großvater genoss diese Fahrten. Da er weitum bekannt war, wurde er von vielen gegrüßt, und er grüßte immer freundlich zurück. In Ried stellte er sein Fuhrwerk im Gasthof Träger am Roßmarkt ein. Das Pferd wurde im Stall versorgt, für den Wagen gab es einen überdachten Unterstand. Die Grossisten brachten die Waren zum Träger und luden dort auf. Derweil nahm der Großvater in der Gaststube sein Mittagessen ein. Wolfgang, der als kleiner Bub ab und zu mit dem Opa mitfahren durfte, erinnert sich, dass er damals zum ersten Mal ein Bier gekostet hat. Es hat ihm zwar nicht geschmeckt, aber die Zitronenscheibe im Weißbier hat ihn fasziniert.

Im Gasthof Träger (vormals Lechner) am Roßmarkt in Ried stellte Opa sein Fuhrwerk ein

Opas Lieblinge,
Karli und Wolfgang

Diese Fahrten zum Einkaufen waren auch für uns Buben immer ein Erlebnis. Auf dem Weg nach Ried hielt der Opa in Aurolzmünster, wo wir damals wohnten. Wolfgang durfte mitfahren oder ging dem Opa mit der Mama zusammen entgegen, einmal fast die fünf Kilometer bis Ried. Ich kam nicht so oft zu dem Vergnügen, weil ich in die Schule gehen musste. Mir brachte der Opa aber jedes Mal eine Tafel Schokolade mit. Ich habe sie nicht gleich gegessen, sondern – vielleicht für schlechtere Zeiten – aufgehoben, bis ein kleiner Stoß zusammen war.

Wolfgang hat eine eigene Schokoladengeschichte. Er bekam eines Tages beim Gruber eine kleine Tafel Bensdorp geschenkt, steckte sie in die Tasche seiner Lederhose und vergaß darauf. Die Schokolade schmolz – was für eine Tragödie!

Der gute Ruf des Großvaters fand auch in der Innviertler Kulturzeitung „Der Bundschuh" seinen Niederschlag. In dem Beitrag „Textilgeschäft Ammerer 1763–2013. Ein alteingesessener Handelsbetrieb in Ried"[16] schreibt Leopold Heinrich Ammerer über die Auswirkungen der Weltwirtschaftskrise auf das Rieder Geschäftsleben.

„Viele Krämer konnten die Ware nicht mehr zahlen, und der Großhandelsbetrieb geriet dadurch in Kapitalnot … Da wurde dann der Wagen vom Fussl in Ort, der noch bar zahlen konnte, jeden Mittwoch sehnlichst erwartet."

Ein großartiger Beleg dafür, was für ein solider Kaufmann der Großvater war!

Bei Pferdeschlittenrennen am Start

Seine Begeisterung für Pferde konnte der Fußl-Opa auch im Rennverein Ort ausleben, dem er seit seiner Gründung im Jahr 1906[17] angehörte. Dieser Verein, dessen Mitglieder vor allem Bauern, aber auch einige Bürger waren, veranstaltete Pferdeschlitten- und Trabrennen. An manchen Rennen nahmen sogar Traber aus Wien teil. Es existieren Postkarten aus der Zwischenkriegszeit mit der Aufschrift „Ort i. I. Internat. Schlittenfahren".

Auch der Opa ging regelmäßig an den Start. Eine führende Rolle beim Rennverein spielte lange Zeit Franz Ezinger vom Parzergut. Er war der beste Freund des Großvaters, sein früher Tod im Jahr 1945 war dem Opa sehr nahegegangen. Das letzte Schlittenrennen in Ort fand 1951 statt. Der Opa wollte das Rennen unbedingt miterleben und ließ sich, schon von Krankheit gezeichnet, in einem Lastwagen, im Führerhaus eingepackt in Decken, zum Rennplatz auf der Demmelbauer-Weide fahren.

Die Leidenschaft für Pferde war für den Großvater mit Sicherheit das größte Vergnügen. Sonst verlief der Alltag in ruhigen, geordneten Bahnen mit viel Arbeit. Seit dem Sommer 1944 war das Leben überschattet von der Sorge um den in Russland vermissten Sohn Karl, der als Nachfolger fürs Geschäft vorgesehen war.

Neben den Fahrten nach Ried am Mittwoch war der sogenannte Bürgertag am Donnerstag ein Fixpunkt. Im Gasthaus Langgruber nahe bei der Kirche, das später Ranseder hieß, traf sich ein auserwählter Kreis zum Stammtisch. Frauen waren nicht darunter. Die Männer tranken Bier aus ihren Stammkrügen. Manchmal spielten sie Karten, auch Tarock. Der Opa nahm an diesem Ritual regelmäßig teil, blieb aber nie

Bei den Schlittenrennen gingen auch Traber aus Wien an den Start

lang sitzen. Er war kein großer Trinker und nur ein Gelegenheitsraucher. Ab und zu gönnte er sich eine Virginier oder stopfte sich eine Pfeife.

Auch der Sonntag brachte etwas Abwechslung. In die Kirche ging es im Sonntagsstaat, im Gilet des Anzugs die Taschenuhr mit einer goldenen Kette. Zwischendurch war das Geschäft offen. Nach dem Amt kamen Freunde ins Haus, um sich mit dem Großvater zu unterhalten. Einer von ihnen ist mir speziell in Erinnerung, weil er in der Stube nicht aufrecht stehen konnte. Es war der Schmereböck, ein Bauer aus Hübing, ein großer, hagerer Mann mit dröhnender Stimme. Am Nachmittag wurde eingespannt und im Sommer fuhr man mit dem Steirerwagerl, im Winter mit dem Schlitten, zu Verwandten zur Jause.

Das Bild des Großvaters wird noch schärfer, wenn wir seine Rolle zu Kriegsende beleuchten. Da er sich in keiner Weise mit den Nazis eingelassen hatte, war er politisch unbelastet und deshalb sehr gefragt. Die Amerikaner, die in Ort eingerückt waren, kamen auf ihn zu und übertrugen ihm kurzfristig leitende Funktionen in der Gemeinde und bei der Feuerwehr. Er übernahm diese Aufgaben, da er nicht Nein sagen konnte, zog sich aber, sobald die Lage gefestigt war, wieder zurück. Er wollte kein Amterl haben, das war nicht Seins. Ich selber hielt es später genauso. Ich war überall dabei, ließ mir aber keine Funktion umhängen. Das sollten sich andere ausschnapsen.

VOM KÜHEHÜTEN, SAUABSTECHEN UND MOSTPRESSEN

Höhepunkte des Landlebens

Neben der Kramerei gehörte zum Haus eben auch die kleine Landwirtschaft mit ungefähr sechs Joch, also etwas über drei Hektar Grund. Drei Wiesen lagen ganz nahe beim Haus: Die Bründlwiese, benannt nach der Bründl-Kapelle, sowie die Osternach- und die Winklerwiese, die wir bei der Regulierung der Osternach Ende der 1970er-Jahre abtreten mussten. Aber da hatten wir die Landwirtschaft längst aufgegeben. Die beiden großen Wiesen mit je eineinhalb Joch lagen in der Gemeinde Reichersberg, die Kreuzstraßwiese und weiter weg die Harter Wiese drüber der Bahn nahe beim Harter Wald.

Im Stall standen vier oder fünf Kühe, das Ross in seiner eigenen Box und in zwei Abteilen die Schweine. Für die Hühner gab es einen eigenen Stall, in manchen Jahren wurden auch Enten und Gänse gefüttert.

Durch ein Futterloch wurde das Heu in den Stall geworfen. War der Heuhaufen dort hoch genug, war es ein Riesenspaß für uns, durch dieses Loch hinunterzurutschen. Später wurde der Stall als Magazin, Geschirrabteilung, Herrenabteilung und Imbissstube genutzt. Jetzt gehört er zum hauseigenen Restaurant „Zum Birnbaum", das mit Ziegeln gemauerte einfache Tonnengewölbe ist freigelegt worden und trägt zur gemütlichen Atmosphäre bei.

Im Stadel waren diverse Gerätschaften und Maschinen untergebracht, wie eine Brechmühle, natürlich eine Kreissäge und mehrere Leiterwagen. In einer angebauten Hütte war der Wagenpark abgestellt: das Steirerwagerl, ein wegen der Bereifung sogenannter Gummiwagen für den Transport der Einkäufe, mehrere Schlitten usw. Auch die für den Verkauf bestimmten Eisenwaren waren im Stadel gelagert.

Die Landwirtschaft, die dem Großvater so am Herzen lag, hat den Tagesablauf stärker bestimmt als die Kramerei. Für die tägliche Stallarbeit – Ausmisten, Füttern, Melken – gab es eine Magd, die Petermaier Fanni, die im Haus in der sogenannten „Menschakammer" wohnte.

Die Hühner als Überbleibsel der Landwirtschaft, hier mit Oma.

Viele andere Arbeiten erledigte der Opa selber, wie zum Beispiel das Mähen des Grünfutters bei der „Kleebald". Da ist er in der Früh ausgerückt, und manchmal hat der Wolfgang mitfahren dürfen. Eines Tages passierte ein Unfall auf der Winklerwiese. Das Ross zog unerwartet an, und der kleine Bub, der aufgestanden war, fiel hinterrücks vom Wagen. Die dramatische Geschichte wurde immer wieder erzählt. Der Wolfgang war angeblich kurz bewusstlos, blieb aber sonst unverletzt. Obwohl der Opa den Vorfall verschweigen wollte, ist alles herausgekommen: „Ja, Bua, was ist denn los? Du schaust ja so blass aus!", war daheim die erste Frage der Mama. Daraufhin hat der Opa alles gebeichtet. Auch in den Graben neben dieser ziemlich feuchten Wiese ist der Wolfgang zwei Mal hineingefallen.

Zu größeren Einsätzen wie zum Mähen und Heuen zog der Großvater zusätzlich Leute heran, die froh waren, sich etwas dazuverdienen zu können. Einer der Höhepunkte im Jahreslauf war das „Heign", das Einbringen des Heus von unserer größten Wiese in Hart, die noch dazu am weitesten entfernt lag. Zu diesem Anlass wurden drei Wagen zusammengespannt, und das Ross, der brave „Bräunl", zog die voll beladenen Wagen heim. Im Hof zwischen Haus und Stadel wurde das Heu durch eine Doppeltür mit Gabeln in den Heuboden hinaufgehoben, dort von mehreren Frauen gefasst und an den richtigen Platz befördert. Eine staubige Arbeit, denn ein Gebläse gab es noch nicht. Trotzdem war die Stimmung meiner Erinnerung nach meist fröhlich. Danach wurde ordentlich gejausnet.

Für solche Arbeiten gab es damals genug Männer und Frauen aus der Umgebung, die gerne arbeiten wollten, im Gegensatz zu heute, wo für solche Einsätze kaum noch jemand zu finden ist. Dazumal hatten die Menschen keine Arbeit, und sie wären beleidigt gewesen, wenn wir sie nicht genommen hätten zum Mähen und Heuen. Als wir später zum ersten Mal mit einem Traktor mähen ließen, waren unsere Helfer schwer enttäuscht, weil sie das Geld gebraucht hätten. Aber auch der Traktorbesitzer war froh, wenn er ein paar Stunden extra bezahlt bekam. Für uns hätte sich ein Traktor nicht ausgezahlt.

Auf einmal waren die Kühe weg

Unser Leben auf dem Land war sehr schön, die Zeit ist für mich unvergesslich.

Ich habe noch erlebt, wie wir die Kühe auf die Weide getrieben und gehütet haben. Auch Wolfgang kann sich daran erinnern. Elektrische Weidezäune gab es noch nicht, also war das Hüten eine unbedingt ernst zu nehmende Aufgabe. Die Hauptverantwortung lag bei einem älteren Schuldirndl, so 14, 15 Jahre alt, und wir Buben sind mitgegangen. Besonders romantisch waren im Herbst die mit den Kartoffelstauden entzündeten Feuer. In der heißen Asche brieten wir auf Steckerl aufgespießte Erdäpfel. Sie schmeckten herrlich. Einmal bauten wir in einem kleinen Bacherl ein Mühlradl und ließen währenddessen die Kühe aus den Augen. Als wir uns irgendwann umdrehten, waren sie weg. Wir fanden sie zum Glück auf einer weit entfernten Wiese zusammen mit anderen Kühen und mussten sie alle auseinandersortieren. Schließlich trotteten die Kühe von alleine heim, und jede fand den richtigen Stall.

Ein ganz besonderes Ereignis war das Sauabstechen. Schon in der Früh begannen in der Küche die Vorbereitungen, und im Hof wurden große Kessel mit heißem Wasser bereitgestellt. Dann kam der Metzger. Meist war es der Bögl Rudl. Er zog das Schwein an einem Strick aus dem Stall. Die im wahrsten Sinne des Wortes arme Sau schrie und quiekte wie am Spieß, vielleicht spürte sie, was ihr bevorstand, dass es mit ihr zu Ende gehen sollte. Mit dem Schussapparat betäubte der Fleischhauer das Schwein und setzte mit einem scharfen Messer einen präzisen Stich in die Halsschlagader. Sofort schoss das Blut heraus und wurde in einem Weitling aufgefangen. Dieses Blut musste schnell gerührt und zu Blunzn verarbeitet werden. Und weiter ging es in den Sautrog, auf den Galgen zum Zerteilen und Herausnehmen der Eingeweide. Ein Vorgang interessanter als der andere, und für uns Buben ein Schauspiel! Inzwischen war in der Küche Hochbetrieb, Fett wurde ausgelassen, Grammeln wurden gebraten … Einmal kam ein Schulkollege aus Bayern zu Besuch, der Hans Altbauer. Er war ganz entsetzt, wie es da beim Sauabstechen zuging. Der hatte so etwas noch nie gesehen, obwohl er auch vom Land war.

Most pressen rund um die Uhr

Eine wesentliche Rolle kam zu jener Zeit auch dem Most zu. Fast jedes Haus hatte seinen eigenen Trunk, so war es auch beim Fußl. Der Großvater hatte schon in jungen Jahren die wichtigsten Voraussetzungen dafür geschaffen. Er pflanzte rund ums Haus viele Obstbäume, für Tafel- und für Mostobst. Wegen des geheimnisvoll klingenden Namens fallen mir die Charlamowsky-Äpfel ein, eine frühe Sorte wie die Weißen Klaräpfel. Besonders gut schmeckten uns die Salzburger Birnen. Ein Baum hinterm Stall trug zwei Sorten: Mostbirnen und – auf einem aufgepfropften Ast – wohlschmeckende Tafelbirnen. Unvergesslich sind für mich auch die prima Hauszwetschken.

Bis in die 1960er-Jahre wurde noch viel Most getrunken, meist war es Mischmost aus Äpfel und Birnen. Nur wenige pressten den Most selber. In den meisten Dörfern gab es eine gewerbliche Presse, zu der die Bauern ihr Obst brachten. Bei uns in Ort war das die Mostpresse Desch, eine der größten weitum und nur wenige Häuser vom Fußl entfernt. In guten Jahren wurde rund um die Uhr gepresst. Die schwer beladenen Fuhrwerke, zunächst von Pferden gezogen, später von Traktoren, standen in langen Reihen bis ins Dorf hinauf und rückten langsam nach. Nicht selten musste man stundenlang warten, bis man endlich zum Pressen drankam. Das Kommando in der Presse führte mit lauter Stimme der Desch, ein mächtiger Mann mit einem riesigen Gummischurz und einer flachen, weißen Haube auf dem Kopf.

Wie der mit den Leuten umgesprungen ist, so etwas wäre heute undenkbar. Die Bauern mussten seinen lauten Anweisungen Folge leisten, sonst hätt er ihr Obst nicht gepresst. Diese Atmosphäre wäre eine ideale Vorlage für einen Heimatfilm gewesen. Wir ließen unser Obst dann pressen, wenn einmal nicht so viel los war. Drei oder vier Fässer wurden befüllt und lagerten anschließend im Haus in einem Halbkeller. Da in der Familie niemand viel trank, blieb in jedem Jahr Most übrig, der meistens inzwischen zu Essig geworden war und weggeschüttet wurde. Im nächsten Jahr begann die Prozedur von vorne, weil es so der Brauch war und es einfach dazugehörte.

Als die meisten Bauern auf Bier umstiegen, verlor der Most an Bedeutung. Seit einiger Zeit ist er jedoch wieder im Kommen und mancherorts sogar ein Kultgetränk, auf viel höherem Niveau, sortenrein, aber auch teurer.

Waglhund für den Milchtransport

Nur wenige Häuser vom Fußl entfernt lag die alte Molkerei. Fortschrittliche Bauern aus Ort hatten sich schon im Jahr 1901 genossenschaftlich organisiert, um die von ihnen erzeugte Milch gemeinsam verarbeiten zu lassen[18]. Bis Mitte der 1950er-Jahre wurde die Milch in großen Kannen zur Molkerei gebracht, mit Pferdefuhrwerken und später mit von Traktoren gezogenen Wagen[19].

Eines dieser Fuhrwerke war etwas Besonderes: das von zwei kräftigen Hunden gezogene Wagerl unseres Nachbarn Felix Redhammer. Er holte mit seinem Gefährt, bestückt mit Gummireifen, die Milchkannen einiger Bauern in Stött ab, einer Ortschaft nahe Ort. Mit diesem „Milchgeld" verdiente er sich ein Zubrot zu seiner bescheidenen Invalidenrente. Der Redhammer verfügte noch über eine andere außerordentliche Gabe: Er war ein begnadeter Bauchredner und narrte damit seine Umgebung, wie es ihm gerade gefiel.

Eine andere Szene aus dem dörflichen Leben, die ich noch gut in Erinnerung habe, spielte sich bei unserem Nachbarn ab, beim Reisegger. Der Transportunternehmer beförderte seinerzeit im Sommer eine besonders kostbare Fracht, und zwar eine Gruppe Frauen und Mädchen, die er zum *Zebbebrogga*[20], also zum Brocken von Schwarzbeeren – so sagt man im Innviertel zu Heidelbeeren – in den Sauwald brachte. In der Früh kraxelten sie, „bewaffnet" mit Eimern und Pitschn, auf die Ladefläche eines Lastwagens, wo sie auf primitiven Bänken saßen und sich an der Bordwand festhielten. Am späten Nachmittag kamen die *Zebbeweiber* heim, laut singend, glücklich und hochzufrieden mit Gefäßen voller Beeren.

Das gemächliche Leben auf dem Land gibt es freilich heute nicht mehr, der Alltag ist auch in den Dörfern längst komplizierter geworden. Eine Unzahl von Vorschriften und Regeln engt den Freiraum ein. Was bleibt, sind schöne Erinnerungen an Zeiten, die so nie mehr wiederkommen.

NOT HABEN WIR IM KRIEG
NICHT GELITTEN

Unser Dorf blieb von Kampfhandlungen verschont

An die Kriegszeit habe ich zwar nur wenige, dennoch durchaus markante Erinnerungen, die durch spätere Erzählungen geschärft wurden. Einschneidend für die ganze Familie war, dass der Papa und Onkel Karl, der einzige Bruder der Mama, sehr bald zur Wehrmacht eingezogen wurden. Die ständige Sorge um sie und die Hoffnung, dass sie unversehrt zurückkommen würden, war auch für mich kleinen Buben durchaus spürbar. Je älter ich wurde, desto mehr bekam ich mit. Ich sehe die beiden in Uniform noch vor mir, als sie auf Heimaturlaub waren. Ansonsten lief der Kontakt über die Feldpost. Mama und Papa schrieben einander sehr oft, manchmal sogar täglich. Wann die Post ankam, hing von der Kriegslage ab. Ein großer Karton voll mit Briefen und Karten ging leider irgendwann verloren. Auf den wenigen, die erhalten blieben, berichtete die Mama dem Papa auch, was für ein lieber Bub ich sei und wie gut ich mich entwickle.

Meine erste vage Erinnerung stammt aus dem Jahr 1940, ich war erst vier Jahre alt. Als die deutschen Truppen am 14. Juli, dem französischen Nationalfeiertag, in Paris einmarschierten, wurden in Ort die Glocken geläutet. Vermutlich wurde daheim darüber gesprochen, weil Onkel Karl am Frankreich-Feldzug teilnahm und später aus Paris einen Aschenbecher mitbrachte. Das Läuten der Glocken zu diesem Anlass ist nirgends dokumentiert. Entweder wurde der Pfarrer von den Nazis dazu gezwungen oder er tat es in vorauseilendem Gehorsam.

1942 kam ich in die Schule. Wenn der Unterricht zu Ende war, wurden wir zum Ausgang begleitet und mussten „Heil Hitler!" brüllen. War die letzte Stunde Religion, dann mussten wir „Heil Hitler! Grüß Gott!" schreien. Für mich war das ganz komisch, denn daheim hörte ich diesen sogenannten Hitlergruß nie. Wir waren ja keine Nazis. Auch von den Kundschaften hat niemand den „Deutschen Gruß" verwendet. Unter den Lehrern waren Mitläufer und auch überzeugte Nazis, die uns für das System und den Krieg begeistern wollten. In den ersten beiden

Kriegswinter 1943. Onkel Karl (r.) und der nach einer Verwundung rekonvaleszente Vater (mit Hut) auf Heimaturlaub

Schuljahren war die Frau des NS-Bürgermeisters Felix Karl meine Lehrererin. In der Schülerbeschreibung, die mein Vater unerlaubterweise aufgehoben hat, notierte sie, ich sei „ein brauchbarer, aufgeweckter Schüler, offen und ehrlich, sehr willig und dienstbereit", jedoch arbeite ich „oft flüchtig und ungenau", und als Gesamtnote bekam ich ein Gut. Die Lehrerin verhielt sich mir gegenüber immer anständig, ich kann mich nicht beklagen. Die Karls hatten auch ein Geschäft und eine Schneiderei, waren also eine Konkurrenz vom Fußl.

Not mussten wir im Krieg nie leiden, weil die kleine Landwirtschaft die wesentlichen Grundnahrungsmittel lieferte: Milch, Butter, Eier und Fleisch, dazu Gemüse und Obst aus dem Garten. Auch Brot war immer ausreichend da, nicht zuletzt weil zwei Brüder vom Papa Bäcker waren. Maisbrot hab ich zwar gesehen, aber nie gegessen. Außerdem wickelte der Großvater mit einigen verwandten Bauern gelegentlich Tauschgeschäfte mit Lebensmitteln ab. Wir hatten genug zu essen, niemand im Haus musste hungern.

Wirkliche Engpässe in der Versorgung traten erst gegen Kriegsende und in den ersten Nachkriegsjahren auf. Die Lebensmittelkarten waren schon viel früher eingeführt worden, im Lauf der Zeit wurde die Pickerei dieser Markerl immer ärger. Wir mussten sie auf riesige Bögen Packpapier aufpicken, mit einem Mehlpapp, der in einem eigenen Tiegel angerührt wurde. Klebstoffe gab es nicht. Die Lebensmittelmarken waren viel wichtiger als Geld. Geld hatten die Leute genug, Marken jedoch zu wenig. Der Kaufmann, dem die Waren zugeteilt wurden, musste aufpassen, bei aller Liebe zur Kundschaft nicht zu viel herzugeben, sonst wäre es sich nicht ausgegangen. Zum Schluss gab es gar nichts mehr, da konnte man noch so viele Marken oder Geld haben. Rationiert waren nicht nur Nahrungsmittel, sondern auch Textilien, Bekleidung, Wäsche, Wolle, Meterware.

Der Großvater machte das Beste aus dieser Mangelwirtschaft und kaufte alles, was er gerade bekommen konnte, ob er es brauchte oder nicht. Das Geld war ja sowieso nichts wert. Er hoffte, das Zeug später wieder verkaufen zu können. Nur weil wir so bescheiden waren, war es möglich, diese entbehrungsreichen Jahre weitgehend unbeschadet zu überstehen.

Als Folge der alliierten Luftangriffe auf deutsche Städte wurden zehntausende Menschen evakuiert und ins sichere Hinterland verschickt, vielfach auch in die Ostmark, wie Österreich damals hieß. Bei uns wurden mehrere junge Frauen aus dem Rheinland einquartiert, und auch ein Mädchen aus Holland war dabei. Wir mussten zusammenrücken, alle Zimmer waren belegt, unser Haus war brechend voll. Nachts kamen noch die am Flugplatz Münsteuer stationierten Flieger dazu, die sich mit den hübschen Rheinländerinnen amüsierten.

Einmal habe ich einen deutschen Offizier, der sich in seinem Zimmer eine Art Büro eingerichtet hatte, schwer verärgert. Gefälligkeitshalber ließ er mich an seine Schreibmaschine, und ich vertippte mich zwei Mal. Daraufhin brüllte er mich an und warf mir vor, ich hätte alles verpatzt. Den Wutausbruch dieses Mannes habe ich nie vergessen. Er war gemein und lächerlich zugleich, denn ich war ja noch ein Bub!

Für große Aufregung vor allem bei der Großmutter sorgte ein anderer Deutscher, ein Zivilist, der bei uns untergebracht war. Dieser Mann, der sich offen gegen die Nazis äußerte, verbrachte viel Zeit vor dem Radio in der Stube. Er hörte nicht nur deutsche, sondern auch ausländische Sender wie das Schweizer Radio Beromünster. Ich stand oft neben ihm, um auch etwas mitzubekommen. „Hat er's schon wieder g'macht? Wenn draußen wer zuhört, dann bringen's uns alle ins Lager", schimpfte die Oma jedes Mal außer sich vor Sorge. Und sie hatte nicht so Unrecht damit. Das Hören sogenannter Feindsender war mit schweren Strafen belegt.

Mama mit mir und dem kleinen Wolfgang am Arm, 1945

In das Jahr 1944 fiel ein wichtiges familiäres Ereignis: Am 11. Juni kam mein Bruder Wolfgang zur Welt, im Krankenhaus Schärding, wo auch ich geboren wurde. Ich spielte gerade mit einem Leiterwagerl, als mir die Petermaier Fanni, unsere Magd, die Neuigkeit verkünde-te: „Karli, du hast an Bruder kriegt!" Wolfgang ist siebeneinhalb Jahre jünger als ich und behauptet immer, er sei in Wien gezeugt worden. Zum fraglichen Zeitpunkt waren unsere Eltern dort, denn der Papa lag nach seiner Verwundung noch im Lazarett, und die Mama hatte ihn besucht. Mit der Geburt meines Bruders war ich nicht mehr der alleini-ge Liebling der Familie, aber meine Eifersucht auf ihn war bald verflo-gen. Schließlich konnte mir niemand die Stellung des Älteren streitig machen, mit allen Rechten, aber auch allen Pflichten dem Jüngeren gegenüber.

Im Herbst 1944 kam ich in die dritte Klasse, unsere Lehrerin war die strenge Betty Weiß. Sie schrieb über mich, ich wäre gut begabt, müsste aber meine „Fähigkeiten noch besser nützen lernen". Bis Anfang Februar wurde ein Notunterricht aufrechterhalten. Dann war auch der nicht mehr möglich, weil in unserer Schule Flüchtlinge einquartiert wurden. Mir war das nur recht, wenngleich wir ein ganzes Schuljahr verloren.

Bei so viel Freizeit kam mir eines Tages die Idee, Radfahren zu lernen. Der Großvater schraubte aus alten Teilen für mich ein Fahrrad zusammen. Im letzten Kriegsjahr war nicht daran zu denken, ein neues Rad zu beschaffen. Mein Übungsgelände war ein leicht abfallender Hang neben dem Stadel, den ich so oft hinunterfuhr, bis ich nicht mehr stürzte. Auch Schwimmen brachte ich mir selbst bei. Unterhalb der Müller-Wehr in der Antiesen ruderte ich auf einem Brett, rutschte ab und machte meine ersten Tempi.

Ort blieb bis zum Kriegsende von kriegerischen Handlungen verschont. Der nur wenige Kilometer entfernte Schulflughafen Münsteuer dagegen war am 16. April 1945 knapp vor Kriegsende noch Ziel eines schweren amerikanischen Luftangriffs. Dabei wurden über 100 Flugzeuge zerstört, auch die unter Tarnnetzen im Wald versteckten Maschinen gingen in Flammen auf. Der Höllenlärm dieses massiven Angriffs war auch bei uns zu hören, das amerikanische Geschwader flog so niedrig, dass man die Besatzung erkennen konnte. Ein paar narrische SS-Leute beschossen die US-Flugzeuge – ein völlig sinnloses Unterfangen.

Und dann war der Krieg endlich vorbei. Am 3. Mai marschierten amerikanische Truppen in Ort ein. Ich war mit Freunden am Aichberg, und wir sahen die Panzerkolonnen aus Obernberg und Antiesenhofen herannahen. Sie wirbelten Staub auf, und wir konnten das Malmen der Panzerketten hören. Sie fuhren ganz gemütlich in unser Dorf und an einer Panzersperre am Bögl-Hügel vorbei. Dort hatten ein paar unverbesserliche Nazis und Burschen vom „Volkssturm" Steine aufgehäuft, die glaubten noch immer an den „Endsieg". Die deutschen Einheiten waren längst weg.

Soweit ich mich erinnern kann, hat sich bei uns niemand vor den Amerikanern gefürchtet. Nur die Oma war wie immer aufgeregt, befestigte zum Zeichen der Kapitulation ein weißes Leintuch an einer langen Stange und schob sie durch die Luke im Dachgiebel. Viele im

Haus rieten zur Vorsicht: „Pass auf, pass auf, wenn's das finden, dann erschießen's uns sofort." Auch diese Sorge war berechtigt. Am 2. Mai waren im benachbarten Reichersberg zwei Menschen wegen Hissens der weißen Fahne von Nazis erschossen worden.[21] Beim Einmarsch der Amerikaner einen Tag später ließ es sich die Großmutter nicht nehmen, die weiße Fahne auszuhängen, so wie andere im Dorf auch.

Die Amerikaner stellten mitten im Ort Zelte auf, darum herum standen ihre Ausrüstungen und die Panzer. Im Schulhaus schlugen sie ihr Hauptquartier auf. Als erste Maßnahme setzten sie politisch unbelastete Bürger in Leitungsfunktionen der Gemeinde ein. Franz Ranseder[22], der alte Leitner, und mein Großvater übernahmen diese Funktionen.

Die Nazis waren scheinbar über Nacht verschwunden. Nach dem Motto „Ich war doch kein Nazi!" wollte keiner dabei gewesen sein. Der Leitner ließ jedoch die ortsbekannten Nazis zusammenholen und ordnete an, dass sie am Platz vor dem alten Gemeindehaus Hitler-Bilder verbrennen mussten.

Letztlich blieb nur eine Handvoll Parteibonzen über, darunter natürlich Bürgermeister Karl. Sie regten sich furchtbar auf, weil sie ein paar Monate in Glasenbach[23] interniert wurden. Dabei war das im Vergleich zu den Konzentrationslagern der Nazis gar nichts, sondern eher wie ein Erholungsurlaub. Einige besonders radikale Parteigänger, sogenannte „Nibelungentreue", wurden mit der Niederlage nicht fertig und setzten ihrem Leben ein Ende. Auch in Ort wurde mindestens ein solcher Selbstmord bekannt.

In diesen dramatischen Tagen des Umbruchs trug sich bei uns in der Nähe in St. Martin ein außergewöhnliches Ereignis zu. Am 7. Mai. präsentierte Oberst Alois Podhajsky dem amerikanischen General George S. Patton die Lipizzanerhengste der Spanischen Hofreitschule und bat um den Schutz der Schule und die Rettung des Gestüts. Die Hengste waren in den Monaten zuvor aus dem bombenbedrohten Wien ins Innviertel verlegt worden.[24] Die erste öffentliche Vorführung fand auf der von Pappeln gesäumten Wiese vis-à-vis vom Schloss statt. Unter den Zuschauern war auch der Großvater, der zufällig von dem Auftritt erfahren hatte. Und ich durfte mitfahren. Es war ein wunderbares Erlebnis, vor allem der Opa als Pferdeliebhaber war schwer beeindruckt vom Können der Hengste und den verschiedenen Sprüngen.

Vorführung der Spanischen Hofreitschule in St. Martin

Noch im Mai kam der Vater heim. Er erzählte später oft, wie er sich mit einem von zwei Pferden gezogenen offenen Panjewagen auf der Flucht vor den Russen nach Westen durchgeschlagen hatte und dann mit einem Kameraden zu Fuß nach Ort gegangen war. Es war der 31. Mai, Fronleichnam, als die beiden Männer im strömenden Regen, eingehüllt in Decken, beim Fußl eintrafen. Die Erleichterung war riesengroß, wäre da nicht die schwere Sorge um Karl Fußl gewesen. Mein Onkel, der ja das Geschäft übernehmen sollte, war seit Juni 1944 in Russland vermisst. Alle Aufrufe über den Suchdienst des Roten Kreuzes sollten vergeblich bleiben.

Nach dem Krieg wieder auf der Hausbank. Rechts sitzend das Ehepaar Pürstl aus
Wien

Das jahrelange Hoffen und Bangen war eine schwere Belastung für
die Großeltern, sie haben den Verlust ihres Sohnes nie wirklich über-
wunden. Für den damals schon herzkranken Opa war er besonders
schlimm. Tatsächlich sollte der Tod des jungen Karl Fußl, der nur 24
Jahre alt wurde, das Leben der ganzen Familie beeinflussen.

EIN GUTER SCHÜLER WAR ICH NICHT

Durchgekommen bin ich aber immer

Wie für so viele andere Menschen im Land brachte das Kriegsende im Jahr 1945 auch für unsere Familie einen Neubeginn. Wir hatten allerdings das große Glück, dass Oberösterreich südlich der Donau, und somit auch das Innviertel, zur amerikanischen Besatzungszone gehörte. Wir übersiedelten nach Aurolzmünster, wo mein Vater zum provisorischen Oberlehrer der Volksschule bestellt worden war. Dort erwarteten ihn große Probleme, wie er in seinen Erinnerungen schreibt. Der vom Dienst enthobene bisherige Leiter, ein Nazi, musste ihm Platz machen. Die slowakischen Flüchtlinge, die das Schulgebäude belegt hatten, mussten dringend in anderen Gebäuden untergebracht und die total verwanzte Schule musste gründlich gereinigt werden. Mit Beginn des Schuljahres im Herbst konnte der Unterricht notdürftig in allen verfügbaren Räumen aufgenommen werden, mit einer Reihe von slowakischen Klassen und in Schichten bis acht oder gar neun Uhr abends. Viele Slowaken, die sich auf Hitler eingelassen hatten, waren vor den Sowjets in den Westen in die sichere US-Zone geflüchtet und im Innviertel gestrandet. Die meisten von ihnen wanderten später in die USA und nach Kanada aus.

So war die Lage, als die Mama mit dem kleinen Wolfgang und mir in die großzügige Wohnung des Oberlehrers übersiedelte. Der Opa brachte uns mit seinem Fuhrwerk die Möbel aus Ort, wo sie den Krieg über gelagert waren. Das Leben normalisierte sich langsam, die Familie war wieder vereint, und Ort war nicht weit weg. Leicht zu erreichen mit dem Fahrrad oder dem Autobus, der bald wieder verkehrte. Und wir fuhren oft zum Fußl heim, auch die Ferien verbrachten wir dort.

Für mich begann der Alltag wieder. Trotzdem war vieles anders als vorher. Wir wohnten ja jetzt in der Schule, und ich konnte in meine Klasse gehen, ohne das Haus zu verlassen. Den Grundriss der Wohnung kann ich heute noch nachzeichnen. Der wichtigste Raum war die Wohnküche mit Tisch und Eckbank, einem gemütlichen Sofa, Herd, Abwasch und Waschtisch. Wasser holten wir aus dem Brunnen im Schulhof, das Klo war am Gang. Mein Zimmer musste ich bald mit

Die frühere Volksschule in Aurolzmünster

Wolfgang teilen. Neben dem Schlafzimmer der Eltern gab es noch ein schönes Wohnzimmer, in dem ein Klavier stand, ein großer Flügel. Dieses Zimmer wurde nur zu besonderen Anlässen, wie Weihnachten oder wenn hoher Besuch kam, benutzt. Dort wurde zum Beispiel der Bezirksschulinspektor bewirtet, das Essen wurde auf noblem Speiseservice mit Silberrand aufgetragen.

Das 1908 eröffnete Schulgebäude mit der Hausnummer 137, eine der vielen Kaiser-Franz Joseph-Jubiläumsschulen im typischen Stil der Monarchie, lag direkt an der noch nicht geteerten Straße nach Ried. Im Hof dahinter waren eine gemauerte Waschküche und eine Holzhütte mit mehreren getrennten Abteilen, daneben ein großer Gemüsegarten, der zur Oberlehrerwohnung gehörte. Am Rand floss der Mühlbach, frei zugänglich für uns Kinder. Heute wäre so etwas unvorstellbar. Mir war das Leben an einem fließenden Gewässer von Ort aus vertraut. Das Spielen am Wasser hat ja einen besonderen Reiz.

In Aurolzmünster musste ich zunächst die dritte Klasse Volksschule nachholen, die in Ort den Kriegswirren zum Opfer gefallen war. Meine

Lehrererin war das Fräulein[25] Stolz. In der Schülerbeschreibung lobte sie mich,[26] erwähnte aber auch, dass „der Bub ruhig behandelt werden muss, da er sonst nervös wird". Lob fördere sehr. Wie recht sie hatte mit dieser alten Lebensweisheit! Neu für mich war, dass der Vater als Oberlehrer der Chef meiner Lehrer war. Ich weiß nicht mehr, ob die Vor- oder Nachteile für mich größer waren. Auf jeden Fall stand ich unter besonderer Beobachtung.

In der vierten Klasse unterrichtete mich mit Georg Thalmann erstmals ein Lehrer. Auch er merkte an, dass ich „etwas nervös" sei, nannte mich jedoch einen „guten Beobachter". Abgesehen von einem Zweier im Schreiben hatte ich im Zeugnis lauter Einser und wurde zur Aufnahme in die Mittelschule in Ried empfohlen.

Der Papa wollte auf Nummer sicher gehen und ersuchte das Fräulein Zoglmaier, eine eng mit den Eltern befreundete, besonders tüchtige Lehrerin, mich auf die Aufnahmsprüfung vorzubereiten. So kam ich im September 1947 ins Bundesgymnasium nach Ried[27]. Ich hätte mir damals nie träumen lassen, dass vis-à-vis des Gymnasiums einmal das große Fussl-Geschäft stehen würde. Es war ein humanistisches Gymnasium – mit Latein ab der ersten und Griechisch ab der dritten Klasse. Ich sollte Lehrer werden, das war der große Wunsch meines Vaters. Wir drei Brüder hätten alle Lehrer werden sollen, aber keiner von uns wurde es. Mein Lebensweg sollte bald in eine andere Richtung gehen.

Meistens fuhr ich mit dem Zug zur Schule, bis zur Haltestelle Bad Ried. Das bedeutete, sehr früh aufzustehen. Da der Weg ziemlich weit war, kamen wir Fahrschüler oft zu spät. Die Professoren wussten und akzeptierten es. Fallweise wurden wir auch in einem für die Beförderung von Paketen bestimmten Kleinlastwagen, dem Packelwagen, nach Ried gebracht. Wir sind durch die hintere Tür quasi hineingestopft worden und am Ziel wieder herausgekugelt, sobald die Tür von außen geöffnet wurde. Heute würde so ein „Schulbus" nie und nimmer zugelassen.

Für die Heimfahrt gab es keine gute Verbindung. So sind wir die fünf Kilometer zu Fuß gegangen. Es war ein sehr schöner Weg durch die Auen entlang der Antiesen. Ich liebte es, die Vögel zu beobachten, erkannte bald ihre Stimmen und wusste, wo ihre Nester waren. Diesem Hobby ging ich mein Leben lang nach, auch wenn mir später kaum viel Zeit dafür bleiben sollte.

Das ehemalige Gymnasium in Ried

Unser Jahrgang wurde in zwei Klassen geführt, ich kam in die 1b. Wir waren 28 Schüler in der Klasse, 19 Buben und neun Mädchen. Von den Mitschülern fallen mir nur mehr wenige Namen ein, etwa der Sengmüller Fritz, der später Stadtarzt von Ried wurde. Einer ist unvergessen, nämlich der Nowotny Rudi, Sohn des Oberlehrers in Eitzing und Vorzugsschüler. Dem sollte ich nach den Wünschen meines Vaters nacheifern. Von den Mädchen gefielen mit zwei besonders gut, die Kreuzhuber Liselotte, sie war blond, und die Zaubek Elisabeth mit schwarzem Haar. Über eine stille Verehrung kam ich jedoch nicht hinaus, ich war viel zu schüchtern.

Unter den Professoren gab es, wie in wohl allen Berufen, angenehme Typen und solide Lehrer, einige Originale, harmlose Käuze, aber auch richtig blöde Hund', „verhaltensauffällig" würde man sie heute nennen. Es ist kaum vorstellbar, dass solche Lehrer auch heute noch auf Schüler losgelassen werden. Ein solch unangenehmer Bursche war der Oberbeirsteiner, der brutal mit uns umging. Wer nicht sofort tat, was er wollte, dem warf er seinen Schlüsselbund nach. Eine eher komische Figur war Professor Egger, genannt „Wauwau". Er war nur 1,50 Meter groß und sehr dick. Wir hatten ihn in der dritten Klasse in Griechisch. Harmlos hingegen war der Turnprofessor Antesberger. Der hat geplutscht und beim Reden gespuckt und war ständig unserem Spott ausgesetzt. Geturnt hat er aber wie ein Weltmeister. Ein eher ungewöhnliches Hobby betrieb Professor Adlmannseder, der Naturgeschichte und Chemie unterrichtete. Er war Schmetterlingsforscher und geisterte mit seinem Netz auch in Ort durch die Gegend. Die Mama kannte Adlmannseder noch als Lehrer von der Bürgerschule.

Unterm Strich habe ich an die Jahre im Gymnasium keine unguten Erinnerungen. Ich war kein guter Schüler, es wäre ein Witz, wenn ich das Gegenteil behaupten würde. Ich war bequem und tat nur das Notwendigste. Durchgefallen bin ich aber auch nie. Für die Gegenstände, die kritisch waren, habe ich im Mai angefangen zu lernen, und dann ist es sich wieder ausgegangen. In zwei Fächern war das aber nicht notwendig. In Geografie und Geschichte war ich immer spitze, genauso wie später meine Brüder. Der Kozenn-Schulatlas war eines meiner Lieblingsbücher, stundenlang konnte ich mich in die Karten vertiefen.

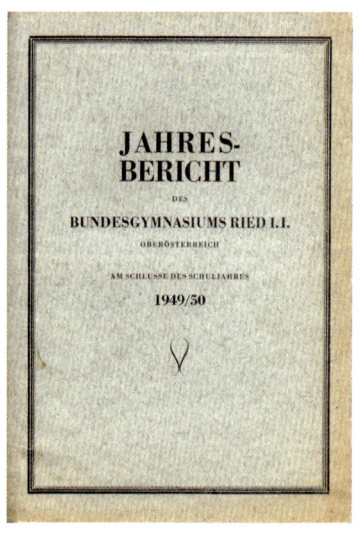

Jahresbericht von 1949/50
Schülerliste der 3b-Klasse

3 b - K l a s s e

1. Breitschopf Gertraud
2. Hager Johann
3. Hoffmann Leopold
° 4. Kreuzhuber Liselotte
5. Lenhart Josef
6. Loidolt Franz
7. Mayr Karl
8. Neumüller Rudolf
° 9. Nowotny Rudolf
10. Ohnmacht Karl
11. Papula Christoph
12. Pranz Franz
13. Raber Gertrude
14. Reisenbichler Günth.
15. Roth Herbert
16. Rutzinger Rudolf
17. Saßhofer Franz
18. Schatzdorfer Hubert
19. Schatzdorfer Gertraud
20. Schwamberger Christ.
21. Sendelbach Gerhard
22. Sengmüller Friedrich
23. Traxler Margot
24. v. Venningen Karl
25. Weckl Jakob
26. Werner Paul
°° 27. Wurm Eva Maria
28. Zaubeck Elisabeth
° 29. Zeilinger Johanna

In der dritten Klasse fuhren wir zum Skikurs auf den Feuerkogel bei Ebensee. Vieles war dazumal primitiv. Es gab noch keinen Skilift, stattdessen hängten wir uns zu acht oder zehnt an eine Stange, die über ein daran befestigtes Seil von einer Motorwinde den Hang hinaufgezogen wurde. Im Vergleich zu diesem armseligen „Lift" hatte ich eine tolle Ausrüstung. Der Papa holte sich zum Kauf meiner Skier Rat bei einem Turnprofessor, und der empfahl Fischer-Ski aus Hickoryholz. Es waren die besten Skier, die es damals gab, mit einer Bindung aus Lederriemen. Ich bekam sie zu Weihnachten 1949 geschenkt – sie müssen ein kleines Vermögen gekostet haben.

Das dritte Schuljahr endete für mich kritisch, ich kratzte gerade noch die Kurve. Im Zeugnis hatte ich zwar keinen Fünfer, aber fast nur Vierer. Mein bescheidener Schulerfolg könnte auch einen anderen Grund gehabt haben. Ich hatte Karl Mays spannende Geschichten entdeckt. Statt zu lernen, legte ich mich in eine Wiese und verschlang in zwei Tagen die 600 Seiten von „Winnetou III". Insgesamt las ich an die 50 Bände und wurde auf diesem Weg zum Leser. Ein Schulkollege machte mit den Büchern sogar ein Geschäft, indem er sie gegen eine Gebühr verlieh.

In dieser verfahrenen Situation richtete mein Vater eine schriftliche Bitte an die Direktion, mich in der vierten Klasse vom Griechischunterricht zu befreien, da er mich nach diesem Schuljahr aus dem Gymnasium nehmen wolle. Ich sollte die kaufmännische Laufbahn einschlagen. Die Familienverhältnisse hätten sich geändert, schrieb er, ohne das näher auszuführen. Gemeint war, dass der in Russland vermisste Onkel Karl nicht mehr heimgekommen und der Opa schwer krank war. Mit diesem Schritt stellte mein Vater frühzeitig die Weichen für mich, um beim Fußl das Geschäft zu übernehmen.

Mit dem Ansuchen um die Befreiung vom Griechischunterricht befasste sich sogar der Landesschulrat, was im Zeugnis für die vierte Klasse vermerkt wurde. Schließlich schied ich nach vier Jahren aus dem Gymnasium aus, was mir damals mehr als recht war. Innerlich habe ich sogar gejubelt, dass diese Zeit vorbei war. Rückblickend wäre es vielleicht nicht schlecht gewesen, wenn ich die Mittelschule abgeschlossen hätte, wenngleich die Matura kein Garant für beruflichen Erfolg ist.

Meinen Brüdern wurde ein Leben als Fahrschüler erspart, sie kamen beide nach Kremsmünster ins Internat und erledigten das Gymnasium ohne Probleme. Beim Studium in Wien scheiterten dann zwar beide, waren beruflich aber dennoch sehr erfolgreich. Wolfgang brachte es als Journalist zum Chefredakteur der Austria Presse Agentur (APA), Bruno, mein jüngster Bruder, wurde Experte für den Einzelhandel und begleitete unseren geschäftlichen Aufschwung lange Zeit als Ratgeber, ehe er für mehr als zehn Jahre im Unternehmen wichtige Bereiche betreute.

Zu zweit in der Badewanne und der Oberlehrerbub als Kürbisdieb

Viel farbenfroher als diese schulischen Probleme haben sich andere Erlebnisse in mein Gedächtnis eingebrannt: Schöne und lustige, aber auch peinliche. Eine meiner Lieblingsgeschichten, die ich immer wieder gerne erzähle, ist diese: Einmal in der Woche, und zwar am Samstagnachmittag, war Badetag. In der Waschküche wurde der Kessel geheizt. Das heiße Wasser wurde mit einem Kübel in eine verzinkte Badewanne geleert. War es zu warm, wurde kaltes nachgeschüttet. Dann mussten wir uns hineinsetzen, Wolfgang und ich. Wir wurden gemeinsam gebadet. Auch wenn niemand Fremder zusah, war es schon peinlich. Schrecklich für mich wurde es aber, als eines Tages einer meiner Schulkollegen durch das vergitterte Fenster grinste. Noch dazu war es der Nowotny Rudi, an dem ich mir immer ein Beispiel nehmen sollte. Meine größte Sorge war, dass er diesen Vorfall in der Schule weitererzählen würde. Ich weiß nicht mehr, ob er es getan hat. Ich geniere mich dafür bis heute.

Wolfgang und ich waren altersmäßig zwar weit auseinander, haben aber trotzdem auch zusammen gespielt. Ich habe ihm gezeigt, wie man aus den Stängeln des Löwenzahns eine Wasserleitung baut. Dazu bohrten wir ein Loch in den Boden einer großen Dose und steckten einen passenden Stängel hinein. Das war der Beginn der Leitung, die sich mit Geschick weiter verlängern ließ. Wir hängten die Dose auf und füllten sie mit Wasser – und schon sprudelte es am Ende der Leitung heraus. War der Druck groß genug, ließ sich sogar ein kleiner Springbrunnen konstruieren. Aus Kastanien und Zündhölzern bastelten wir wahre Kunstwerke, große Meister wurden wir beim Spielen mit dem Matador-Baukasten.

In Aurolzmünster begann auch meine Tischtenniskarriere. Da wir keinen richtigen Tisch hatten, stellte uns der Papa in einem Klassenzimmer vier Schulpulte zusammen. Wir verankerten das Netz, und schon konnten wir spielen. Wolfgang hatte zwar kaum eine Chance gegen mich, war aber mit Ausdauer bei der Sache. Tischtennis wurde für uns alle drei Brüder zum Familiensport. Wir spielten ziemlich gut, später auch auf richtigen Tischtennistischen.

Eine andere Geschichte aus diesen Jahren gehört ebenso zur Schatzkiste der Familienanekdoten. Titel: Die Sehnsucht nach dem Kürbis. Hauptdarsteller: Wolfgang. Schauplatz: Garten eines Ziegeleiarbeiters nahe der Lehmgrube. Die Handlung, Erster Akt: Wolfgang schleicht sich mit Papas Rucksack aus dem Haus. Begleitet von einem Freund versucht er, aus dem Garten des Ziegeleiarbeiters das Objekt seiner Sehnsucht zu holen, einen Kürbis. Die beiden Buben werden ertappt, können gerade noch entwischen, vergessen jedoch auf der Flucht den Rucksack. Wolfgang kehrt also ohne Rucksack heim und verschweigt den Vorfall. Zweiter Akt: Der Oberlehrer erfährt, dass sein Bub einen Kürbis stehlen wollte. Welche Schande! Er fährt mit dem Fahrrad zu dem Ziegeleiarbeiter, entschuldigt sich und fährt mit dem Rucksack nach Hause. Wolfgang leugnet und bekommt daraufhin den Hintern versohlt. Dritter Akt: Papa besorgt einen Kürbis für Wolfi, schnitzt ein Gesicht hinein, und für den kleinen Buben ist die Welt wieder in Ordnung.

Gabriele und Bruno

Im Jahr 1948 bin ich gefirmt worden. Mein Göd war der Onkel Lois, Papas ältester Bruder, der Bäcker in Wernstein war. Er war auch schon mein Taufpate gewesen. Sehr gut erinnere ich mich an die Anreise. Wir fuhren ganz nobel mit einem Taxi von Wernstein nach Engelhartszell und von dort mit dem Schiff die Donau hinunter nach Linz. Der Onkel Lois fragte mich ununterbrochen: „Magst du dies? Oder magst du lieber das?" Ich entschied mich für einen Gabelbissen, weil er neu für mich war. Das Zeug schmeckte mir überhaupt nicht. Was tun? Ich warf den Rest über Bord, ohne dass der Onkel es bemerkte. Im Dom zu Linz mussten wir bestimmt zwei Stunden auf den Bischof warten.

Wir Firmlinge waren in Reihen aufgestellt, die Paten ruhten sich in den Kirchenbänken aus. Dann kam er doch noch und firmte mich und alle anderen, der Bischof Joseph Fließer, ein kleiner, rundlicher Mann. Der Onkel schenkte mir, wie damals üblich, eine Uhr, die mir über 20 Jahre gute Dienste leistete.

Neben der Schule beteiligte sich der Papa in Aurolzmünster intensiv an den verschiedenen Aktivitäten im Gemeindeleben, wobei er vor allem seinen musikalischen Neigungen nachging. Er war Organist und Leiter des Kirchenchors, Kapellmeister der Marktmusik und Mitglied des Männergesangsvereins. Darüber hinaus wirkte er in einer Theatergruppe mit, war bei einer Volkstanzgruppe und beim Imkerverein und was weiß ich noch … Er war überall dabei und dementsprechend oft abends unterwegs, bei Proben oder auf Veranstaltungen. Der Mama wurde das manchmal zu viel.

Nach uns beiden Buben wollten die Eltern unbedingt ein Mädchen. Dieser Herzenswunsch ging am 16. Jänner 1948, an Papas Geburtstag, in Erfüllung. Es war eine Hausgeburt in Aurolzmünster. Die Mama wurde von einem Mädchen entbunden, das auf den Namen Gabriele Maria getauft wurde. Das Baby war vom ersten Tag an kränklich. Bald stellte sich heraus, dass es an einem angeborenen Herzfehler litt. Gabriele war ein sogenanntes Blaues Baby. Nach damaligem Stand der Medizin waren ihre Chancen zu überleben gering.

Meiner Erinnerung nach weinte das kleine Mädchen Tag und Nacht. Die verabreichten Medikamente brachten meist nur kurzfristig Linderung. Die seelische und körperliche Belastung war für die Mama unglaublich groß. Sie bekam viel zu wenig Schlaf. Zur Unterstützung wurde vorübergehend eine Haushaltshilfe angestellt.

Der Kampf um das Leben der kleinen Gabriele war leider aussichtslos: Sie verstarb im Alter von 13 Monaten nach Empfang der Firmung am 24. Februar 1949. Die Mama war damals völlig gebrochen. Sie hat den Tod von Gabriele nie verwunden. Wann immer die Rede auf dieses Drama kam, stiegen ihr Tränen in die Augen.

Der aus Osternach stammende Gynäkologe Dr. Alois Aigner, den Mama noch aus der Schulzeit kannte, gab unseren Eltern den Rat, möglichst rasch wieder ein Kind zu zeugen. Sie beherzigten seine Empfehlung, und der Erfolg ließ nicht lange auf sich warten: Am 13. Dezember 1951 war es so weit: Im Krankenhaus Ried brachte die Mama einen

Buben zur Welt, mit Kaiserschnitt, denn er war mit 4,60 Kilo ein richtiges „Bröckerl". Es war nicht das ersehnte Mädchen, aber Gott sei Dank war der Kleine „pumperlgsund". Er bekam den relativ seltenen Namen Bruno, angeblich nach dem berühmten Dirigenten Bruno Walter. Für mich war der Name Karl aufgrund der Tradition vorbestimmt – Vater, Großvater und Onkel hießen schon so. Aber mein zweiter Name ist Maria, was auf den Komponisten Carl Maria von Weber verweist. Beim Wolfgang lag der Zusammenhang mit Mozart nahe. Unser musikbegeisterter Vater hatte somit drei Buben mit den Vornamen großer Musiker.

DER VATER BRINGT EIN GROSSES OPFER

Um den Fußl zu retten, übersiedeln wir nach Ort

Am 25. Juni 1951 ist der Großvater im Alter von 69 Jahren gestorben. Er hatte lange Zeit an Angina pectoris gelitten und war die letzten Monate bettlägerig.

Der Leichnam wurde, wie damals üblich, im Haus aufgebahrt. Flankiert von einem Kreuz, einem Muttergottesbild, Kerzen und Blumen ruhte der offene Sarg auf einem Podest im Schlafzimmer. Am Abend kamen Verwandte und Nachbarn zum Beten. Sie standen bis ins Stiegenhaus hinaus. Das Gemurmel des Rosenkranzbetens und die von den flackernden Kerzen an die Wand geworfenen Schatten erzeugten eine geheimnisvolle und bedrückende Stimmung.

Trauerparte für Opa Fußl

Das Begräbnis für Opa war eine „große Leich" und ein Beleg dafür, wie beliebt Karl Fußl weit über die nähere Umgebung hinaus war. Auch aus Aurolzmünster, wo wir damals lebten, war eine große Abordnung gekommen – mit Pfarrer Josef Trost, dem Kirchenchor und der Marktmusikkapelle, beide vom Papa geleitet. In dem endlos langen Trauerzug, der sich vom Fußl-Haus zur Kirche bewegte, marschierten die Feuerwehren aus Ort und den umliegenden Dörfern und die Mitglieder des Rennvereins. Neben der Musik aus Aurolzmünster spielte auch die Feuerwehrmusik Traxlham[28]. Zwei Musikkapellen bei einem Begräbnis, das hatte es noch nie gegeben!

Den Kondukt führte Pfarrer Lambert Weißl[29], der den Opa bei seinen vielen Krankenbesuchen schätzen gelernt hatte. Er nahm auch die Einsegnung vor und hielt am offenen Grab die Trauerrede. Es war ein würdiges Begräbnis für einen allseits geschätzten Mann, einen ehrenwerten Orter Bürger.

Aus Krankheitsgründen hatte sich der Großvater schon länger nicht mehr um das Geschäft kümmern können. Nach seinem Tod rächte es sich, dass er die Oma nie an der Führung beteiligt hatte. „Er hat sie nie zuwilassen!" Sie wollte das allerdings auch nicht, sondern half nur im Laden mit. Nun war sie Witwe geworden und wurschtelte auf sich allein gestellt dahin. Sie hatte keine Ahnung vom Geschäft, vor allem vom Einkauf verstand sie nichts. Doch auch in einer kleinen Kramerei braucht man eine Einnahmen-Ausgaben-Rechnung. Alles schien unaufhaltsam den Bach hinunterzugehen. Völlig überfordert verkaufte die Oma das Nachbarhaus Nr. 33 zu einem Spottpreis. Auch eine Wiese ließ sie sich abluchsen. Das Telefon meldete sie einfach ab, „weil wir das eh nicht brauchen", wie sie erklärte. Was für ein Unsinn! Es gab nur einen Ausweg aus dieser für die Familie dramatischen Situation: Meine Eltern mussten zurück nach Ort, um die Oma zu unterstützen und das Haus zu retten. Schließlich ging es dabei auch um meine Zukunft.

Der Kampf um den Posten in Ort

Der Vater, in Aurolzmünster als Oberlehrer und aufgrund seines Engagements in der Marktgemeinschaft sehr geschätzt, war gezwungen, das alles aufzugeben. Es war Eile geboten, er musste für sich und die

Familie die notwendigen Voraussetzungen für die Übersiedlung nach Ort schaffen. So bewarb er sich um den vakanten Posten des Oberlehrers an der Volksschule in Ort. Er hatte die mit Abstand beste Dienstbeschreibung aller Bewerber. Doch das allein genügte nicht, es war keine „gmahde Wiesn"!

In Ort formierte sich nämlich von mehreren Seiten Widerstand gegen den Vater. Die einen waren Anhänger von Georg Duschl, einem guten Lehrer und politisch eher den Sozialisten zuzuordnen, der sich auch um die provisorische Schulleitung beworben hatte. Dann gab es den Lehrer Karl Hölzl, der die Wohnung im Schulhaus bewohnte und fürchtete, diese räumen zu müssen. Dabei wollte der Papa diese Wohnung gar nicht in Anspruch nehmen. Pikanterweise war Hölzl mit einer Nichte unseres Vaters verheiratet. Einige fürchteten um ihr Geschäft, andere waren aus politischen Gründen dagegen, was hieß, dass sie keinen „Schwarzen" als Oberlehrer haben wollten. Freilich deklarierte sich diesbezüglich niemand offen. Der Einzige, der sich öffentlich für den Vater einsetzte, war Pfarrer Lambert Weißl. Doch die Gegner hetzten weiter gegen ihn, entfesselten eine breite Kampagne und streuten vor den Schulen in Ort und Aurolzmünster anonyme Flugblätter mit der Botschaft: „Die Bevölkerung will einen Oberlehrer, keinen Kaufmann!" Das war im Jänner 1952, kurz vor der Entscheidung des Landesschulrates.

Der Vater ließ sich indes nicht beirren und kämpfte unerschrocken um den für die Zukunft der Familie so wichtigen Posten. Er sprach sogar bei Landeshauptmann Heinrich Gleißner vor, um seinen Fall persönlich darzulegen. Letztendlich setzte er sich durch und wurde bestellt. Doch selbst da gaben seine Gegner nicht auf, sondern beschimpften und bedrohten ihn in einem anonymen Brief. Er habe sich die Oberlehrerstelle in Ort „ergaunert" und „erschlichen". Wenn er diesen Posten voll und ganz ausfülle, so bleibe ihm „während des Tages keine Stunde für das Geschäft übrig". Freilich gab es auch positive Reaktionen. Die dienstälteste Lehrerin Betty Weiß gratulierte herzlich „zu diesem hart erkämpften Sieg". Das Recht sei auf seiner Seite gewesen. Auch Josefine Wagner, die Witwe des früheren Oberlehrers, sandte Glückwünsche.

Im Sommer 1952 feierte der Vater als Kapellmeister das 100-jährige Bestandsjubiläum der Marktmusik in Aurolzmünster. Höhepunkt des Festes war ein Gesamtspiel aller Musiker am Marktplatz, das der Papa dirigierte. Ich war richtig stolz auf ihn.

Papa dirigiert beim Musikfest in Aurolzmünster

Rechtzeitig vor Schulbeginn übersiedelten wir nach Ort. Wir kehrten wieder heim, könnte man sagen. Im Haus waren ein paar Umbauten vorgenommen worden, damit wir alle Platz hatten. Ein großer Raum wurde geteilt, denn wir Buben, der Wolfgang und ich, sollten ein eigenes Zimmer bekommen. Zwischen den beiden Stahlrohrbetten war vor dem Fenster ein breites Bücherregal mit Leselampen. An der anderen Wand stand ein mehrteiliger Kasten. Alle Möbel waren weiß gestrichen, es sah ein bisschen aus wie in einem Krankenzimmer.

Jetzt galt es vorrangig, das Geschäft zu stabilisieren und die Finanzen in Ordnung zu bringen. Diese Aufgabe übernahm die Mama, sie hatte das seinerzeit schließlich gelernt. Das Telefon wurde wieder angemeldet. Die Oma führte lieber den Haushalt und mischte sich nicht mehr groß ein. Für den Papa ging es vor allem darum, sich in der Schule durchzusetzen und die Leute für sich zu gewinnen. Durch seine umgängliche Art gelang ihm das bald. Um den verbliebenen Gegnern keinen Anlass für neuerliche Angriffe zu geben, trat der Papa nie im Laden auf. Er war schließlich auch gar kein Kaufmann und bediente nie auch nur einen einzigen Kunden. Papa war mit Leib und Seele Lehrer. Im

Hintergrund trug er freilich mit dazu bei, dass es beim Fußl wieder aufwärts ging, zunächst mit Geld, später wiederholt als Bürge. Vorübergehend übernahm er auch die Buchhaltung, wozu er sich eine kleine Rechenmaschine anschaffte. 1953 wurde eine Registrierkasse der Marke „National" gekauft. Sie ist heute im Stammhaus neben dem Eingang ausgestellt.

Die alte Registrierkasse bezahlten wir mit einem Wechsel

Der Papa, selbst nicht wirklich sportlich, veranlasste die Einführung des Fußballtotos[30] beim Fußl. Die Anregung dazu kam von Pfarrer Weißl, der ein Fußballnarr war. Als Organist und Leiter des Kirchenchors arbeitete der Vater eng mit dem Pfarrer zusammen. Die beiden Männer standen einander auch politisch nahe. Lambert Weißl, Augustinerchorherr des Stiftes Reichersberg, hatte als Student ein Spottgedicht auf Hitler verfasst und kam deswegen ins Konzentrationslager Dachau.[31] Leidensgenossen aus der Zeit im KZ, die ebenfalls überlebt hatten, kamen, wenn sie in Schärding auf Kur waren, in den 1950er-Jahren wiederholt zu Besuch in den Pfarrhof. Der prominenteste war der damalige Unterrichtsminister Felix Hurdes.[32] Der Papa wurde zu diesen Kaffeejausen oft eingeladen, und Wolfgang durfte mitkommen, wie er sich erinnert. Möglicherweise als Folge der KZ-Haft hatte der überaus beliebte Pfarrer ein Alkoholproblem und wurde schließlich 1958 nach Niederösterreich versetzt. Die Totoannahmestelle haben wir bis heute.

Mit der Übersiedlung der Eltern nach Ort begann der Aufstieg vom Fußl. Und diese Entwicklung hält bis heute an, seit nunmehr über 60 Jahren.

EINE DESOLATE MILITÄRBARACKE ALS HEIM

In der Handelsschule in Braunau

Als die Hoffnung geschwunden war, dass Onkel Karl Fußl, Mamas Bruder, vom Krieg heimkommt, fragte der Vater mich eines Tages: „Magst du's haben?" Damit meinte er, ob ich in das Geschäft in Ort einsteigen und es später übernehmen wollte. Mir war das nur recht. Das Gymnasium, das mir nie so richtig getaugt hatte, war endlich vorbei, und ich hatte nur mehr zwei Jahre Handelsschule vor mir, in denen ich mich auf meinen künftigen Beruf als Kaufmann vorbereiten sollte.

So bin ich 1951 nach Braunau gekommen, in die nächstgelegene Handelsschule. In Oberösterreich gab es damals nur noch in Linz und in Wels solche Schulen. Der Vater meldete mich für die zweitägige (!) Aufnahmeprüfung an. Der Direktor der „Städtischen Kaufmännischen Wirtschaftsschule" begrüßte uns höchstpersönlich mit den Worten: „Wen ich beim Schwindeln erwische, der fliegt. Nur ehrliche Arbeit zählt!" Prompt wurde ich erwischt. Wieso ich trotzdem aufgenommen wurde, weiß ich bis heute nicht.

Wir als externe Schüler waren in einem Heim untergebracht, einer aufgelassenen Militärbaracke, die hinter dem Kapuzinerkloster etwas außerhalb der Ringstraße lag. Bei den Fenstern regnete es herein, und es zog wie in einem Voglhäusl. Im Winter hingen Eiszapfen an den Fenstern. Heutzutage wären solche Zustände undenkbar, so ein Heim würde geschlossen. Und trotzdem fühlte ich mich dort wohl, es ging mir ganz gut.

Das Schülerheim wurde von einer SPÖ-Funktionärin geführt, Hellstein hieß sie. Sie war eine gute Leiterin, wenn man bedenkt, unter welch widrigen Umständen sie arbeiten musste. In unserem Heim waren nur Burschen, die Mädchen waren woanders untergebracht. In den Zimmern waren wir zu sechst, neben dem Bett mit dem Nachtkastl stand für jeden ein schmaler Spind. In einem großen Raum konnten wir unsere Aufgaben machen und lernen und im Speisesaal gemeinsam essen. Wir waren an die 40 Schüler. Im Waschraum gab es nur Kaltwasser, zum Duschen gingen wir alle zwei Wochen in das städtische Tröpferlbad.

Wie viel diese Unterkunft gekostet hat, weiß ich nicht mehr. Für den Vater war es jedenfalls relativ viel und er musste sich bemühen, das Geld aufzubringen. Dazumal verdienten ja die Lehrer nicht so gut wie heute.

In der Handelsschule, gleich neben dem Palm-Park im Zentrum der Stadt, waren die Klassen gemischt, also Burschen und Mädchen. Die Schüler kamen aus halb Oberösterreich und viele auch aus Bayern, wo es diesen Schultyp damals noch nicht gab. In der Klasse waren wir 20, die Mädchen waren immer in der Mehrzahl. Es war ein sehr guter Zusammenhalt. Wir machen noch immer jedes Jahr ein Schülertreffen, und mehr als zehn kommen regelmäßig. Auch einen engen Freund habe ich aus jener Zeit bis heute: Hans Altbauer aus Pfarrkirchen in Bayern, der es zum Bankdirektor gebracht hat[33].

Gelernt habe ich in den zwei Jahren Handelsschule wieder nicht viel. Erst Mitte der zweiten Klasse strengte ich mich an, durchfallen wollte ich ja nicht. Ganz interessant waren für mich Fächer wie Buchhaltung und Kaufmännisches Rechnen, die fielen mir leicht. Deutsch war wie vorher, es hat mir auch ganz gut getaugt.

Jedes zweite Wochenende durften wir heimfahren. Ich fuhr samstags mit dem Zug nach Ort und am Montag wieder zurück. Um sechs Uhr in der Früh gab es ab Hart im Innkreis, der Haltestelle bei Ort, eine Verbindung, bei der man in Ried umsteigen musste. Angekommen bin ich, so wie andere auch, zu spät, erst nach acht Uhr. Aber die Lehrer wussten, dass sich das nicht ausgehen konnte, und sie machten kein Theater wegen unserer Verspätung. Mir machten diese Zugfahrten nichts aus, obwohl ich so früh aufstehen und umsteigen musste.

Heimweh hatte ich in Braunau nie, auch nicht an den freien Wochenenden. Auch die aus Bayern blieben im Heim, und wir waren oft gemeinsam unterwegs. Am Sonntag war's schon ein wenig fad. Manchmal gingen wir spazieren am Inn oder ins Kino.

Nach zwei Stunden mussten wir im Heim zurück sein. Manchmal gingen wir deshalb heimlich ins Kino, oder trieben uns, statt ins Bad zu gehen, in der Stadt herum. Einmal wurden wir dabei erwischt, und ich stolperte auf der Flucht in einem Park über die Raseneinfassung.

Spaziergang am Inn

Sonst war freizeitmäßig nicht viel los. Eine Zeit lang war ich Mitglied bei einem Boxklub. Da kannte der Vater den Obmann und ersuchte ihn, mich mittrainieren zu lassen. Aber ich ging zu oft zu Boden und hörte nach sechs Wochen wieder damit auf.

Im Dezember 1951 wurde mein jüngster Bruder Bruno geboren. Die Heimleiterin überbrachte mir die Nachricht in Anwesenheit aller meiner Mitschüler, was natürlich ein großes Hallo zur Folge hatte! Schließlich war ich schon 15, und jetzt bekam ich noch einen kleinen Bruder … Ich habe mich zwar nicht gerade geschämt, aber peinlich war es mir doch irgendwie. Immerhin bekam ich einen Tag schulfrei, um die Mama im Spital in Ried besuchen zu können.

Ausflug mit der Handelsschule (rechts im Lodenjanker)

Nach den zwei Jahren Handelsschule landeten die meisten von uns beim Aluminiumwerk Ranshofen. Die hatten vorher schon immer geredet: „Ich geh' ins Werk." Dort wurden ständig neue Leute eingestellt. Ranshofen mit tausenden Beschäftigten war und ist der mit Abstand wichtigste Arbeitgeber in Braunau. Außer mir wurde aus unserer Klasse niemand selbstständig. Dieser Weg war nicht so begehrenswert, obwohl das mit einem Handelsschulabschluss jederzeit möglich gewesen wäre.

Ich war froh, als die Schule vorbei war. Endlich konnte das wirkliche Leben beginnen. So war meine Stimmung …

GEMERKT HABE ICH MIR, WAS SIE FALSCH GEMACHT HABEN

Gemischte Erfahrungen als Praktikant

Nach Abschluss der Handelsschule bin ich auf zwei Praktikantenposten gewesen, in Ried und in Taufkirchen an der Pram. Zu diesen Firmen kam ich nicht, um Geld zu verdienen, sondern um mir alles anzuschauen. Lang blieb ich dort nicht, es waren jeweils nur kurze Gastspiele. Dennoch sammelte ich nützliche Erfahrungen.

In Ried war ich beim Sinzinger, einem gut eingeführten Textilgroß-und Einzelhandel am Hauptplatz, ebenerdig das Detailgeschäft, im ersten Stock der Großhandel. Eingefädelt hatte das die Mama mit dem Vertreter Pichler, der Fussl war damals Kundschaft beim Sinzinger. Dort arbeitete auch die Frau Breitenstein[34], eine tüchtige Person, die aus Ort, genauer aus Osternach stammte. Sie hat die Mama immer sehr zuvorkommend bedient.

Von Anfang an habe ich mich dort nicht wohlgefühlt, der Grund war die Chefin, eine exzellente Geschäftsfrau. Ich aber habe sie fast gefürchtet, für mich als nicht mal 20-Jährigen war sie unnahbar. Während sie alles für mich tat, damit ich was lernte, war ich eingeschüchtert, sobald ich sie sah. Sie hat mir nie was angetan, im Gegenteil, sie hat mich immer gefördert und auch sehr gut behandelt. Ich bin jedoch mit ihr nicht zurechtgekommen, ich habe sie einfach nicht leiden können. Der Sinzinger, ein hagerer Mann, beeindruckte mich dagegen sehr. Der hat was können und nie den Chef heraushängen lassen. Zweifellos waren sie beide hochangesehene Rieder Bürger.

Insgesamt waren an die 30 Leute beschäftigt, darunter drei Vertreter, einer von ihnen der Pichler. Im Großhandel im ersten Stock wurden die Aufträge bearbeitet und die bestellten Waren verpackt. Textilgroßhändler wie damals den Sinzinger gibt es heute nicht mehr.

Ich durfte arbeiten, was ich wollte. Soweit ich mich erinnere, bin ich jeden Tag heimgefahren. Wahrscheinlich hätte ich mehr lernen können, aber ich habe gespürt, dass ich da nicht hinpasste. Nach ein paar Monaten sagte ich zu meinem Vater: „Es geht nimmer!"

Anschließend hatte ich noch einen zweiten Posten, und zwar im Kaufhaus Bachmaier in Taufkirchen an der Pram. Auch da bekam ich kein Geld, konnte aber im Haus in einem Mansardenzimmer wohnen. An den Samstagen fuhr ich meist heim, mit dem Fahrrad mehr als 20 Kilometer über Schotterstraßen.

Der Bachmaier war ein gutgehendes und für damalige Verhältnisse ziemlich fortschrittliches Geschäft für Lebensmittel, Textilien und alles, was dazugehört. Ich habe einfach mitgearbeitet, mir ist die Arbeit angeschafft worden wie den anderen auch, wobei die Frauen mich, den Jüngsten, ausgenützt haben. Zum Geschäft gehörte auch eine Tankstelle. Sobald jemand kam, um zu tanken, waren die Frauen verschwunden und ich musste pumpen: fünf Liter herunterlassen, in den Tank füllen und wieder pumpen.

Wie der Chef für seine Kundschaft einen Stoffballen nach dem anderen auf die Budel schleuderte und dann über die Stoffe strich, als würde er sie streicheln, das hat mir schwer imponiert. Er war ein brillanter Verkäufer, in dem Punkt habe ich sehr viel von ihm gelernt. Nur sollte der Chef eines solchen Betriebes schon mehr beherrschen als das Verkaufen …

Mir wurde damals in den 50er-Jahren schon klar, dass die Meterware keine Zukunft hatte. Beim Fußl haben wir dann auch bald mit der Konfektion angefangen.

Über alles, was mich interessierte oder was mir auffiel, machte ich mir Notizen. Das war dem Chef zwar gar nicht recht, er hat mich aber trotzdem geschätzt und immer angenommen, dass ich das Handwerkszeug für die späteren Erfolge bei ihm gelernt habe. Ich habe ihn in dem Glauben gelassen.

Dabei hat mir dort einiges nicht gepasst. Zum Beispiel störte es mich, dass der Chef so viel im Büro saß. Ich verstand auch nicht, dass er neben den fünf Angestellten noch zwei Bürokräfte hatte, wo doch ein Lehrling genug gewesen wäre. Sein Geld brachte er immer in bar zu seiner Bank nach Wels, anstatt es im Ort einzuzahlen, damit es rasch weg ist. Außerdem missfiel mir seine Geheimniskrämerei: Die Kuverts der Geschäftsbriefe wurden von ihm geöffnet und sofort versteckt. Ich wusste aber genau wo. Mich interessierten nur ein paar Lieferantenadressen, und die habe ich gefunden. Obwohl es sonst nichts Spannendes für mich zu entdecken gab, befriedigte es meine Neugier, in die Kuverts hineinzuschauen. Dies war mir eine Lehre, dass es keinen Sinn hat, vor den Angestellten etwas zu verheimlichen. Denn so eine Geheimniskrämerei schürt die Neugierde doch erst recht.

Etwas wirklich Brauchbares habe ich beim Bachmaier kaum gelernt. Ich wollte Erfahrungen sammeln, sah aber bald ein, dass die, bei denen ich als Praktikant arbeitete, nicht wirklich gute Vorbilder für mich waren. Die wichtigen Sachen ließen sie mich nicht anschauen. Besonders gemerkt habe ich mir, was sie falsch gemacht haben. Alles, was ich für den Fußl gelernt habe, habe ich mir selber beigebracht, das nehme ich für mich in Anspruch.

DAS HOCHWASSER VON 1954 GIBT DEM HOLZHAUS DEN REST

Der Neubau bringt bessere Wohnverhältnisse

Im Sommer 1954 war Oberösterreich vom größten Hochwasser im 20. Jahrhundert betroffen. Besonders schlimm waren die Überschwemmungen im Innviertel. Nach tagelangen schweren Niederschlägen im Hausruck, dem Einzugsgebiet von Antiesen und Osternach, traten die beiden Bäche in Ort so hoch über die Ufer wie seit Menschengedenken nicht mehr.

Ich habe das verheerende Hochwasser vom 8. Juli, einem Donnerstag, nicht daheim erlebt, da ich zu dieser Zeit beim Bachmaier in Taufkirchen das Praktikum machte. Am Tag danach fuhr ich mit dem Fahrrad nach Hause. Viele Straßen waren noch voller Schotter oder vermurt. Die Folgen der Überschwemmungen waren überall zu sehen, natürlich auch beim Fußl. Schlamm und Dreck, wohin man schaute. Die Aufräu-

Die reißende Antiesen

mungsarbeiten waren längst im Gange und es gab auch schon wieder Strom. Im Geschäft war das Wasser so hoch gestanden wie die Budel, die Einrichtung hatte schwer gelitten. Die Ware war glücklicherweise kaum beschädigt worden, das meiste war rechtzeitig in die Höhe geräumt worden, wobei alle mitgeholfen hatten.

Katastrophal jedoch waren die Folgen für das alte Holzhaus, das zwei Stufen niedriger lag. Dort stand das Wasser fast bis zur Decke. Die massiven Holzbalken hatten sich angesoffen und trockneten nur langsam aus. Das Haus war komplett feucht und es lag auf der Hand, dass wir bald neu bauen mussten.

Eine Geschichte, die sich an diesem dramatischen Sommertag zugetragen hat, kenne ich nur aus Erzählungen. Es gab noch ein einziges Schwein, das nach der Aufgabe der Landwirtschaft im Stall stand. Damit es nicht ertrank, wurde es durchs Wohnhaus über die Stiege in den ersten Stock getrieben und in den engen Verschlag zwischen gemauertem und Holzhaus eingesperrt. Es hat die ganze Nacht rumort, erzählte man mir, aber überlebt.

Im Hof zwischen Haus und Stall lag ein riesiger Haufen Holzscheiter, aufgefangen von einem notdürftig angebrachten Gitter. Das Wasser hatte die ordentlich aufgeschlichteten Holzstöße ausgehoben und in den Hof geschwemmt.

In Ort standen bei dem Jahrhunderthochwasser 45 Häuser unter Wasser, über 200 Personen mussten evakuiert werden. Die Fluten reichten bis zum Bögl-Keller, vis-à-vis vom heutigen Wirt z'Ort. Einige Brücken und Stege im Gemeindegebiet wurden vom Hochwasser weggerissen, darunter der sogenannte Frauensteg über die Antiesen, der die Untere Hofmark mit dem anderen Ufer verband und über den der kürzeste Weg zu unserem Geschäft führte. Der Vater setzte sich sehr dafür ein, dass dieser Steg so schnell wie möglich wieder aufgebaut wurde. Es gelang, obwohl sich in der Gemeinde auch Widerstand regte.

Im Laufe der folgenden Jahrzehnte waren wir aufgrund der exponierten Lage wiederholt von Hochwasser betroffen. Besonders gefährlich wurde es immer dann, wenn beide Bäche gleichzeitig viel Wasser führten. Osternach und Antiesen stauten sich bei der Mündung hinter unserem Haus und traten über die Ufer. Auch nach der Regulierung der Osternach, die in den frühen 1980er-Jahren in ein neues Bett verlegt wurde, war die Gefahr nicht endgültig gebannt. Besonders schwer traf

Das blieb vom Frauensteg

uns das Hochwasser im Jahr 2002. Über 2200 Quadratmeter Betriebs-
fläche – Geschäft, Restaurant und sämtliche Büroräume – wurden
überflutet. Dank der von unserem zweitältesten Sohn Ernst rechtzeitig
eingeleiteten Evakuierung konnten Computer, technische Geräte, Unterlagen und die gesamte Ware gerettet werden. Der Schaden betrug
dennoch an die 300.000 Euro.

Wir hätten gleich größer bauen sollen …

Ein Jahr nach dem katastrophalen Hochwasser, 1955, gingen wir den Neubau an. Das an die 200 Jahre alte Holzhaus wurde abgerissen und hinterließ einen riesigen Holzhaufen: Balken und schwere Tram, Bretter und Schindel. Die Leute aus der Nachbarschaft konnten sich so viel Holz als Brennholz mitnehmen, wie sie wollten. Teilweise verbrannten wir es auch selber. Eindrucksvoll war, wie wir die aus klobigen Steinen gemauerte Grundfeste mit Krampen und Brecheisen abtrugen.

Der Abriss des alten Holzhauses beginnt

Planung und Bauführung für den Neubau lagen in den Händen des Orter Baumeisters Fellner. In Nachhinein gesehen war es ein schwerer Fehler, dass wir nicht gleich größer gebaut haben. Uns allen fehlten wahrscheinlich der Mut und auch das Geld. Der Bau wurde zum Großteil durch einen Kredit der Raiffeisenkassa finanziert. Da hat man noch sehr drum bitten müssen, und ohne Bürgschaft ging gar nichts. Gebürgt hat der Vater, der als Oberlehrer ja ein sicheres Einkommen hatte.

Keine leichte
Baustelle

Auf der Baustelle ging es reichlich primitiv zu, wie es seinerzeit üblich war. Den Mörtel rührten wir händisch an und brachten ihn in Holztragen über eine Rampe in den ersten Stock zu den Maurern. Wir hatten weder eine Mischmaschine noch einen Aufzug. Als wir Scheibtruhen kaufen wollten, war der Baumeister dagegen, weil er uns welche leihen und daran zusätzlich verdienen wollte. Um des lieben Friedens willen gingen wir schließlich darauf ein.

Dieser Bau im Jahr 1955 war der erste beim Fußl. Unzählige Ausbauten, Zubauten und Umbauten sollten folgen. Bauen hat mich von Anfang an interessiert, und da bei uns eigentlich immer gebaut worden ist, war das für meine spätere Entwicklung nicht unwichtig – nicht zuletzt wegen der Kosten. Wenn du was verstehst von den Dingen, kann dir niemand so leicht etwas vormachen oder dich übervorteilen.

Auf dieser Baustelle arbeiteten alle aus der Familie mit, auch der Papa, es waren ja Ferien. Das sollte noch viele Jahre so weitergehen. Wer verfügbar war, half mit. Die Oma kochte während der Bauzeit auch für die Maurer und betreute, unterstützt vom elf Jahre alten Wolfgang, das Geschäft, weil die Mama längere Zeit krank war.

Durch den Neubau wurden leider wertvolle alte Sachen zerstört. So wurde der grüne Kachelofen in der Stube abgetragen und zerschlagen. Mit den Kacheln wurde eine Böschung angeschüttet. Dort landeten auch Dutzende Steingutplutzer, die Jahrzehnte auf dem Dachboden gelagert waren. Wir hatten damals noch keinen Sinn dafür, kein Gefühl für diese schönen Sachen. Das ist schade, aber jetzt ist es zu spät.

Das Geschäft wurde durch den Neubau nur um bescheidene zwölf Quadratmeter größer, jedoch zum Teil neu eingerichtet. Daneben entstand ein kleines Büro mit einem Safe in der Außenwand, es sollte für Jahre mein Arbeitsplatz werden. Auch die Fassade bekam ein neues

Das Gebäude erhält den Außenputz

Gesicht, mit großen Schaufenstern zu beiden Seiten des Geschäftsein-gangs. Nach dem einheitlichen Außenputz für das komplette Gebäude sah das Haus dann ganz gut aus.

Der Neubau hatte vor allem die Wohnverhältnisse entscheidend verbessert, es gab nun Fließwasser, Bad und WC. Der Gang über den Hof zum Plumpsklo im Stadel war Geschichte. Der schönste Raum war das Wohnzimmer mit dem Erker. Im ersten Stock bekam die Oma eine schöne Zweizimmerwohnung. Dann legten wir einen großen Ziergar-ten an, das war ein Herzensanliegen der Mama.

Anfang der 1960er-Jahre baute der Vater nahe der Kirche und Schule ein Wohnhaus, Ort Nr. 131. Die Eltern und meine Brüder zogen dort ein, und beim Fußl war somit Platz für meine künftige Familie.

VON ANFANG AN CHEF

Meist habe ich meinen Willen durchgesetzt

Als ich nach der Handelsschule und den beiden Praktika endgültig zum Fußl heimkam, war ich knapp 18 Jahre alt. Eigentümerin war die Großmutter, die eigentliche Chefin war die Mama, die das Geschäft seit unserer Übersiedlung nach Ort führte. In dieser Konstellation stieg ich ein und versuchte, frühzeitig das Kommando zu übernehmen.

Mir schwebte vor, das Geschäft auszubauen. Ein Laden mit fünf, sechs Verkäuferinnen wäre eine nette Sache, das war 1954 meine Vorstellung. Denn so eine Kramerei, in der du allein stehst, gibt's schon noch dort und da, aber da musst du wirklich Spaß dran haben, denn verdienen kannst du mit so einem Geschäft nämlich nichts.

Die Mama unterstützte und förderte mich einerseits und zog mit mir an einem Strang. Sie war ja froh, dass ich daheim war. Doch andererseits bremste sie mich ein. Ihr war manchmal mein Tempo zu hoch. Sie war immer sehr besorgt, oft auch ohne Grund. Ich machte jedenfalls alles so, wie ich es wollte. Die Oma schimpfte manchmal ein wenig mit mir. Aber das war schon in Ordnung. Ein paar Mal kam es auch zu ernsteren Konflikten, ausgelöst durch mein ungestümes Vorgehen. In meinem jugendlichen Elan war ich kaum zu halten und wollte manchmal mit dem Kopf durch die Wand. Da gab es klarerweise Widerstand, doch letztlich setzte ich meine Ideen durch.

Oma Fußl war die Eigentümerin

Ich wollte dieses Geschäft führen und ausbauen. Es gab enorm viel zu tun und zu ändern. Die Entwicklung in jenen Jahren war auf fast allen Gebieten rasant und wir mussten noch viel aufholen. Das oberste Ziel war Wachstum und nochmals Wachstum. Dazu mussten wir das Sortiment ständig ergänzen und erweitern. In der Folge brauchten wir mehr Verkaufsfläche. Der erste wichtige Schritt erfolgte 1955 mit dem Neubau.

Schon zuvor hatte die Mama angefangen, in diese Richtung zu arbeiten. Ein denkwürdiges Beispiel: Sie kaufte Sommermäntel für Damen ein, neun Stück, da war sie einmal wirklich risikobereit. Und wir haben sie alle verkauft. 100 Prozent, das war eine Spitzenleistung! Später ging sie ein noch größeres Risiko ein und kaufte 54 Hemden. Das war ein Wahnsinn dazumal. Sie rief mich in Taufkirchen an, wo ich noch im Praktikum war. Ich dachte, jetzt geht's in den Graben hinein. Aber nein, wir haben alle 54 Hemden verkauft. Es waren Hemden der Marke Gloriette, geschlichtet in eleganten, mit Holzrahmen versteiften Kartons. Für unseren kleinen Betrieb waren die 54 Hemden das gleiche Risiko wie später 2000 Hemden oder mehr.

Ermutigt durch solche Erfolge forcierten wir Schritt für Schritt die Konfektion, damit war auch mehr zu verdienen als mit den Lebensmitteln. Textilien gab es ja schon früher beim Fußl, Stoffe,

Mama führte das Geschäft

Wolle, Strickwaren und Bettwäsche, die Großeltern waren ja Schneider. Inzwischen gab es fast keine Schneider mehr, und die wenigen Schneider waren böse, wenn eine Kundschaft mit einem Stoff von uns kam. Erst recht böse waren sie, als wir immer mehr Konfektion führten.

Rechnungen: Links von Mama, rechts von mir ausgestellt

Ein spezielles Kleidungsstück war der Dirtl-Trench, ein schwerer Gummimantel für Motorradfahrer, benannt nach dem populären Rennfahrer Fritz Dirtl[35]. Dieser Mantel war absolut wasserdicht. Wenn man den zugeknöpft hat, ist er nicht umgefallen, so steif war das gute Stück. Der Kreis der Käufer war groß, da es damals wohl zehn Mal so viele Motorrad- wie Autofahrer gab.

Der Tagesablauf – Ich musste immer früh aufstehen

Aufgesperrt haben wir in diesen Jahren nicht mehr um sechs, sondern um sieben Uhr. Das war für mich noch früh genug. Am Abend war bis sechs offen, wenn noch Kunden im Geschäft waren, auch länger. Aber manche Leute kamen auch noch später. Sie läuteten und wurden hinten hereingelassen. Zu Mittag war für zwei Stunden geschlossen, am Samstag bis ein Uhr mittags geöffnet, dann wieder Sonntag kurz nach der Frühmesse und noch einmal nach dem Amt.

Von zwölf bis zwei Uhr war also Mittagspause und die Zeit für das gemeinsame Essen, auch der Papa war nach der Schule oft dabei. Gekocht hat die Oma, sie war eine gute Köchin, solide Hausmannskost. Seit ich ihr beim Knödelmachen zugeschaut habe, esse ich allerdings keine Knödel mehr. Mir graust davor, wie das weiße Zeug, der Teig, zwischen den Fingern herausquillt. Alle Erklärungen, das müsse so sein, halfen nicht. Auch im Gasthaus kommt mir kein Knödel auf den Teller.

Der erste Weg in der Früh führte zur Molkerei. Als wir mit Milchprodukten anfingen, stellte die Molkerei uns nicht zu. Deshalb radelte ich den knappen halben Kilometer dorthin und holte Joghurt, Butter, Milch usw. ab. Die Ware wurde auf einer Rampe deponiert. Kam ich nicht rechtzeitig an, war das Zeug in der prallen Sonne oft verdorben. Diese Art und Weise des Verkaufens, nämlich so, als wäre es eine Gnade seitens der Lieferanten, Kunden etwas zu verkaufen, kam noch aus Kriegszeiten. Später lieferte die Molkerei dann selber aus. Verdient haben wir mit diesen Produkten fast nichts, wir haben sie aber führen müssen.

Zu meinen Aufgaben zählte auch das Bearbeiten der Post. Die Briefpost und kleine Packerln brachte der Briefträger erst mittags, in den Anfangsjahren war das auch noch nicht viel. Später holten wir die Post und die Pakete schon am frühen Vormittag selber im Postamt ab, meist mit dem Fahrrad. Zwischendurch las ich, wann immer es ging, die Zeitung. Als Kaufmann kann man gar nicht gut genug informiert sein. Es war bequem und kostengünstig, da wir Zeitungen im Geschäft führten. Die Mittagspause nutzte ich auch für Arbeiten im Büro, denn mit dem wachsenden Betrieb wurde der Verwaltungsaufwand immer größer. Wir holten uns Unterstützung beim Steuerberater Zauner in Ried. Diese Kanzlei macht bis heute unsere Bilanz, also inzwischen seit fast 60 Jahren. Im Sommer nutzten wir die Mittagspause manchmal zum Fußballspielen oder wir gingen kurz baden.

Nach Ladenschluss erstellte ich täglich den Kassabericht in einem eigenen von mir entwickelten Formular mit Platz für Anmerkungen. Zunächst musste das Geld gezählt werden, etwas Wechselgeld blieb in der Kassa. Dann trug ich für die Statistik den Umsatz in den Bericht ein und vermerkte besondere Vorkommnisse. An Tagen mit Sauwetter kamen kaum Kunden. Das Wetter ist ein nicht zu unterschätzender Umsatzfaktor, besonders im Modehandel. Oder ich hielt besonders große Einkäufe durch einzelne Kunden fest. Zwei Jahre später weiß man ja nicht mehr, warum ein Tag so gut oder so miserabel war. In diesen Aufzeichnungen kann man dann nachschauen. Zum Schluss sperrte ich das Geld in den kleinen Wandtresor ein, und die größeren Summen brachte ich noch zur Raiffeisenkasse.

Auch an den Abenden wurde mir nicht fad: Musikprobe, Theaterspielen, Tanzschule und andere Aktivitäten mit Freunden … War ich nicht unterwegs, spielten wir daheim Karten oder ich nützte die Zeit zum Lesen. Sehr früh beschäftigte ich mich mit Fachbüchern amerikanischer Autoren, darunter das Standardwerk von Herbert N. Casson über Werbung und Verkauf, ein Buch über den Aufbau von Filialen, oder die Bücher von Dale Carnegie, „Sorge dich nicht, lebe!" und „Wie man Freunde gewinnt". Daneben kamen auch Klassiker der Weltliteratur nicht zu kurz. Mein Lieblingsroman ist „Krieg und Frieden" von Leo Tolstoi, ich las ihn sogar mehrmals. Auch Werke über Geschichte und Politik lagen auf dem Nachtkastl, nicht zu vergessen die köstlichen „Maghrebinischen Geschichten" von Gregor von Rezzori. Wie meine Brüder bin auch ich bis heute ein regelmäßiger Leser – nicht nur von Zeitungen und Magazinen, sondern auch von Fachliteratur und vorzugsweise von interessanten Biografien.

Vom Einkaufen und den Lieferanten

Um den Einkauf haben wir uns gemeinsam gekümmert, die Mama und ich. Damals kamen in der Regel die Vertreter der Markenartikler wie Unilever, verschiedener Kaffeefirmen und anderer Unternehmen. Wir mussten nachbestellen und uns über die neuen Produkte informieren lassen. Meistens hielten sie uns stundenlang unnötig auf. Diese Vertreterbesuche hörten erst mit dem Aufkommen der Lebensmittelketten Anfang der 1970er-Jahre auf.

Auch mit unserem „Hausgrossisten" für Lebensmittel, dem Gruber in Ried, war es mühsam: Dienstags kam der Vertreter Steininger und schrieb auf, was wir brauchten, oft auch nur kleine Mengen. Dann kassierte er die Rechnung der Vorwoche. Zwei Tage später brachte ein Lkw die Lieferung. Einfacher wurde das Bestellen erst mit dem Ordersatz, einer seitenlangen Liste aller lieferbaren Artikel, die wir einmal in der Woche ausfüllen mussten. Dort brauchten wir nur mehr die jeweiligen Mengen einzutragen.

Die Textilien bezogen wir hauptsächlich über zwei Großhändler, den Sinzinger in Ried und den Schmierer in Schärding. Die Mama war zuständig für die Bestellungen, sie hat das sehr gern und sehr gut gemacht. Es taugte ihr außerdem, wie die Vertreter sie hofiert haben. Am besten machte das zweifellos der Pichler vom Sinzinger, ein charmanter Mann, der immer tipptopp gekleidet war. Er schleppte aus seinem Kombi acht oder mehr Koffer herein und sein elegantes Auftreten war dem Umsatz durchaus zuträglich. Der Vertreter von Schmierer hatte eine andere Masche. Er war eher der rustikale Typ und ein Schmähführer, der einen Witz nach dem anderen erzählte und damit rundum gute Laune zu verbreiten versuchte. Mir wurde das jedoch irgendwann zu viel und ich bremste ihn meistens ein.

Bei den Textilianern ging es uns darum, möglichst viel Skonto herauszuholen, also je früher wir zahlten, desto besser war es für uns. Spezielle Zahlungsziele gab es etwa bei der Winterware, die wir entweder bei Lieferung oder zu dem jeweils vereinbarten Termin bezahlten. Unsere Lieferanten waren natürlich froh, weil sie sich darauf verlassen konnten, dass der Fußl verlässlich zahlte.

Weil wir solide Zahler waren, nahmen wir auch nie Ware in Kommission. Das machten nur die, die nicht genug Geld hatten. Für uns kam das auch deswegen nicht infrage, weil das oft Ware aus dem Vorjahr war.

Der Streit um Wurst und Semmeln

Bei den Lebensmitteln hatte sich seit Jahrzehnten kaum etwas geändert. Noch immer wurden Zucker, Mehl, Grieß, Salz usw. vom Großhändler in großen Gebinden angeliefert. Der Kristallzucker in Säcken von 50 Kilo, der Würfelzucker in 25-Kilo-Schachteln; die Mehlsäcke waren noch viel schwerer. Im Geschäft wurden die von den Kunden gewünschten Mengen eingewogen, eine aufwendige und zeitraubende Arbeit. Am ärgsten war es, wenn eine Frau mit einem Rezept hereinkam, sieben Deka von dem und neun Deka von dem wollte. So ein Wahnsinn! Man hat dann ewig für einen Schmarrn Umsatz gebraucht. Die Oma, die ja nach wie vor formal die Chefin war, regte sich furchtbar auf, als ich ihr mitteilte, das ändern zu wollen, und meinte: „Du bringst uns um mit deinen neumodischen Ideen. Da kimmt koa Mensch mehr, wennst des net machst." Doch von da an wogen wir alles vorher ein, in Kilo- oder Halbkilosäcken. Es dauerte noch etliche Jahre, bis sich die Verpackung der Waren generell durchsetzte.

In unserem Angebot fehlten noch immer Brot und Wurstwaren, wie es sie heute in jedem Lebensmittel- und Supermarkt gibt. Der Grund dafür war, dass wir heimischen Betrieben ins Gehege kommen würden. Tatsächlich hatten wir keine Wahl, als einer der Kramer im Dorf, der Bachmayr, mit dem Verkauf von Semmeln anfing. Zuerst störte das die beiden Orter Bäcker noch nicht, und ich dachte, wenn's der verkaufen darf, verkauf's ich auch. Wir bezogen das Brot von einem Bäcker in Suben, der eine Semmelstraße hatte. Damit löste ich allerdings einen ordentlichen Wirbel aus … Felix Sumereder, einer der Bäcker, war damals Vizebürgermeister und setzte das Thema sogar auf die Tagesordnung des Gemeinderates. Ich hörte mir diese Sitzung an, ging dann aber hinaus. Der Sumereder zog ganz wild über uns her. Ich hab mir gedacht, jetzt daschlagt er mich, weil ich Semmeln verkaufe. Dann bremste er sich doch noch ein. Die beiden Bäcker gibt es übrigens längst nicht mehr. Stattdessen etablierte sich am Dorfplatz die Bäckerei Enzelmüller, ein moderner Betrieb, der in der Umgebung mehrere Filialen betreibt.

Bei der Wurst nahmen wir lang Rücksicht auf den Fleischhauer Aumair, meinen Onkel und später auf meinen Cousin Fritz. Als wir schließlich doch Wurstwaren einführten, war wieder der Teufel los, obwohl unser Angebot bescheiden war: Knacker, Schinkenwurst, Polnische und Braunschweiger. Beliefert hat uns ein kleiner Metzger aus der Gegend und nicht der Cousin, nicht zuletzt wegen der alten Konflikte im Zuge unserer Übersiedlung nach Ort. Beim Bier war's dasselbe. Da haben die Wirte gesponnen, und erst nach Jahren hat es sich gelegt.

Auch Obst und Gemüse kam erst spät dazu, das hatten die meisten Leute ja selber. Zu Weihnachten gab es natürlich immer Orangen, Mandarinen und Feigen. Eine Sensation waren die ersten Bananen. Können wir eine ganze „Pratze" mit über zehn Bananen auch verkaufen?, fragten wir uns. Ja, wir konnten. Erst mit den fahrenden Obstgroßhändlern kam das Geschäft in Schwung, mit dem Zeilinger aus Wels und später mit dem Melchart aus Eferding.

Um an die beste Ware heranzukommen, kraxelte ich immer auf den Lastwagen hinauf. Die Fahrer sahen darin eine Frechheit, denn sie wollten zuerst lieber die nicht mehr ganz so frische Ware anbringen. Mir war das egal, ich wollte die beste Qualität. Die Kunden im Supermarkt machen es ganz genauso wie ich und greifen nach den schöneren Äpfeln.

Ein Sack Früherdäpfel auf dem Radl – Zigaretten im Rucksack

Noch lange vor dieser Zeit verkauften wir ausgezeichnete Früherdäpfel. Die hat uns der Grad, ein Bauer in Aichberg, geliefert. Und wenn er sie nicht brachte, haben wir sie mit dem Fahrrad geholt, ein Auto hatten wir damals noch nicht. Das war ein kleines Abenteuer: Die Anfahrt nach Aichberg ins „Gebirge" war mühsam, weil man das Rad schieben musste; zurück mit einem 50 Kilo schweren Sack voll Erdäpfel, eingezwickt im Gepäckträger, ging es dafür ziemlich flott. Die schwere Ladung beschleunigte die Fahrt natürlich, und das war nicht ungefährlich. Wenn ich das heute meinen Söhnen erzähle oder den Enkeln, denken die, der spinnt. Aber so war das damals.

Mit dem Tabakfassen, das heißt dem Abholen der Zigaretten beim Hauptverlag in Obernberg, war es ähnlich. Neun Kilometer mit dem Radl, auf der Heimfahrt einen Rucksack am Buckel und eine große Schachtel am Gepäckträger, alles voll mit Zigaretten. Die „Abgabe" der Tabakwaren durch den staatlichen Monopolbetrieb war genau geregelt: die Bestellung in ein Formular eintragen, deren Wert berechnen und die Gesamtsumme bei der Post einzahlen. Der Erlagschein als Zahlungsbeleg, eingeheftet in das Bestellbuch, war mitzubringen. Den Hauptverlag in der Ufergasse betrieb der Stadlbauer, der Zugang führte durch das Papiergeschäft seiner Frau Angie. Bei ihr stach einem sofort ihr Damenbart ins Auge. Bösartige würden von einem veritablen Schnauzer sprechen. Die Zigaretten und Zigarren waren in einem muffigen, schlecht beleuchteten Raum gelagert und der Stadlbauer legte sie auf einer Budel bereit. Kam private Kundschaft ins vordere Geschäft, so lief er auf der Stelle davon und ließ die Trafikanten stehen. Nach einiger Zeit kam er zurück und säuselte: „Die Trafikanten sind mir die Allerliebsten …" So ein falscher Hund. Schon der Großvater hatte dort den Tabak abgeholt, mit Ross und Steirerwagerl.

Ein himmelblauer Fiat 1100

Im Jahr 1956 kaufte der Papa das erste Auto, einen Fiat 1100, in Himmelblau. Wir machten uns Gedanken darüber, was die Leute sagen würden: 1955 wird beim Fußl gebaut, und im Jahr drauf kaufen die sich ein Auto? Die müssen aber Geld haben! Seinerzeit wurde am Land so argumentiert, und wir nahmen auch Rücksicht darauf. Auch das ist längst vorbei.

Der Vater hatte erst kurz vor dem Kauf des Autos den Führerschein gemacht. Er war schon Mitte 40, und man kann nicht behaupten, dass er noch ein wirklich guter Autofahrer wurde. Viel lieber war er bis ins hohe Alter mit dem Fahrrad unterwegs. Auch mein Führerschein war noch frisch und mir fehlte ebenfalls die Fahrpraxis. Da half es auch nicht, dass ich die Prüfung nicht nur für Pkw, sondern auch für Motorräder, Traktoren und sogar für Lkw mit Hänger abgelegt hatte. Jedenfalls waren wir mobil und nutzten das Auto intensiv – geschäftlich

Am Steuer des Fiat 1100

und privat. Das Fahrzeug galt bei uns nie als Heiligtum, sondern als Gebrauchsgegenstand, trotzdem gingen wir sorgsam damit um.

Mir passierte einmal ein Malheur, als ich beim zu flotten Retourfahren in einen Sandhaufen geriet und das Hauseck streifte. Es war mir so unangenehm, dass ich die Sache vor dem Papa geheim hielt. Der Gebhartl Karl, ein gelernter Autolackierer aus der Nachbarschaft, reparierte den Schaden. Auch der Wolfgang unternahm mit dem Fiat die ersten Fahrversuche auf abgelegenen Güterwegen. Das ging immer gut, nur beim Wegfahren von daheim legte er einmal den falschen Gang ein, ließ die Kupplung aus, und schon bumste das Auto ans Stadeltor. Ein sichtbarer Schaden entstand Gott sei Dank nicht.

Binnen Kurzem wurde ich, nach eigener Einschätzung, ein guter und sicherer Autofahrer, und ich durfte den Fiat auch zu großen Touren nutzen, nicht nur für Familienausflüge ins Salzkammergut. So fuhren Wolfgang und ich eines Tages in die Schweiz. Mich interessierte, wie die Migros arbeitete, seinerzeit das größte Einzelhandelsunternehmen des Landes. In Zürich besuchten wir das riesige Warenhaus Jelmoli. Eine weitere Reise führte uns zu Freunden nach Holland. Inge van Andel war als junges Mädchen im Krieg in die damalige Ostmark evakuiert und beim Fußl untergebracht worden. In den 1950er-Jahren waren die Holländer zu Besuch nach Österreich gekommen, und daraus hatte sich eine enge Freundschaft entwickelt. Auf dieser Fahrt stiegen wir ohne jede Erfahrung ins Campingleben ein. In einem Sporthaus in Stuttgart kauften wir ein Zelt, einen Kocher und anderes Zubehör. Keiner von uns hatte jemals ein Zelt aufgestellt. Es war abenteuerlich! Camping, das war wirklich nichts für uns.

Am 2. Jänner 1961, einem strahlenden Wintertag, hatte der Vater mit dem Fiat einen schweren Unfall. Er war zum Tabakfassen nach Obernberg unterwegs, als er auf der Schneefahrbahn in ein entgegenkommendes Fahrzeug rutschte. Von den Rippenbrüchen, die er sich dabei zuzog, erholte er sich relativ rasch. Der Fiat jedoch war ein Totalschaden. Das nächste Auto war ein Opel Caravan, ein Kombi, der uns viele Jahre gute Dienste als Lieferauto leistete.

Ich wollte sogar Bestatter werden …

Die Erweiterung des Sortiments ging Hand in Hand mit der Vergrößerung der Verkaufsfläche, freilich in kleinen Schritten. Zuerst nahmen wir das Magazin dazu, das waren immerhin gute 20 Quadratmeter. Dann wurde der ehemalige Stall umgebaut, ziemlich primitiv. Ein paar Neonröhren und einfache Regale, schon war die neue Geschirrabteilung fertig. Später brachten wir im Stall, schon nobler, die Herrenabteilung unter. Die Kundschaften mussten über den Hof gehen.

Für unser breites Angebot und die verschiedenen Dienstleistungen brauchten wir zu dieser Zeit 13 (!) Gewerbescheine, Konzessionen oder Verschleißbefugnisse. Es war ein weites Betätigungsfeld für die Kammerbürokratie. Wir benötigten Gewerbescheine für den Handel mit Waren aller Art, die Schneiderei, den Ausschank offener geistiger Getränke, Leichenartikel, Drogerieartikel und Schulartikel und was weiß ich noch alles. Für den Handel mit Tabak war eine Verschleißbefugnis erforderlich, für das Sporttoto wieder eine andere Genehmigung. Im Lauf der Jahre wurde das besser, heute brauchen wir nur mehr drei oder vier Gewerbescheine.

Beim Handel mit Leichenartikeln können wir uns auf eine lange Tradition stützen. Schon mein Urgroßvater, der Firmengründer Felix Fußl, hat sich damit befasst. Belegt ist das auf seinem eigenen Totenbild von 1911 mit dem Vermerk „Preßvereinsdruckerei (Josef Fridrich) Ried – Zu haben bei Felix Fußl in Ort".

Christliches Andenken
an Herrn

Felix Fußl
Krämer in Ort

welcher am 27. Mai 1911 um ³/₄9 Uhr vormittags nach längerem Leiden und Empfang der heil. Sterbesakramente im 68. Lebensjahre selig im Herrn entschlief.

Theurer Vater bist von uns geschieden
Den wir so sehr geliebt,
Nur der Schmerz ist uns geblieben,
Der uns alle schwer betrübt.
Laßt meinen Tod euch nicht betrüben
Bald werden wir uns wiedersehn,
Ich will indessen meine Lieben,
Für euch am Throne Gottes flehn.
D'rum Kinder u. Gattin, denket stets an eure
Pflicht:
Vergeßt den lieben Vater im Grabe nicht.

„Süßester Jesu, sei mir nicht Richter, sondern Seligmacher." (50 T. Abl.)

Preßvereinsdruckerei (Josef Fridrich) Ried
Zu haben bei Felix Fußl in Ort.

Totenbild des Urgroßvaters

Partezettel und Trauerbilder waren im wahrsten Wortsinn ein todsicheres Geschäft. Bei dieser Gelegenheit konnten wir oft auch Trauerkleidung verkaufen.

Mit den Angehörigen der Verstorbenen nahmen wir die nötigen Daten auf, wofür es bestimmte Formulare gab, und dann suchten wir aus einer Broschüre die passenden Sprüche aus. Diese Unterlagen brachten wir mit einem Foto zum Landesverlag in Ried. Auf den Parten und den Trauerbildchen stand unten klein gedruckt „Fußl Ort", für mich war das wie eine Werbeeinschaltung.

Manchmal ging es sich mit den Fristen in der Druckerei nur knapp aus. Das lag einerseits an den alten, zu langsamen Maschinen, andrerseits aber an zu spät erteilten Aufträgen. Angehörige kamen oft erst am Nachmittag und es dauerte bis Ladenschluss, bis alles besprochen war. Die Post hatte schon geschlossen. Also schwang ich mich aufs Radl, sauste zur Haltestelle nach Hart und erwischte meistens nur ganz knapp den Zug.

Damals gab es in Ort noch kein Bestattungsunternehmen, das übernahm erst später der Wiesner-Tischler. Mich hat das auch einmal interessiert, weil ich das Geschäft mit Partezetteln und Totenbildern nicht verlieren wollte. Als ich aber erfuhr, dass der Bestatter die Leichen für die Beisetzung einkleiden und in den Sarg legen muss, ließ ich diesen Plan wieder fallen. Zweimal blieb es mir dennoch nicht erspart, eine Leiche in den Sarg zu legen, es war bei den Nachbarn Felix und Maria Redhammer. Das war sehr eigenartig, ich hatte das Gefühl, dass die Toten noch ein wenig warm waren.

Noch viel unangenehmer und vor allem höchst kostspielig hätte die verspätete Aufgabe der Totowettscheine am Donnerstag enden können. In den Anfangsjahren gab es keine Versicherung gegen solche Pannen. Nicht auszudenken, wenn ein Spieler auf einem unserer Scheine einen Zwölfer getippt hätte. Einmal verpassten wir tatsächlich die Frist für das Fußball-Toto. Die Post war schon weg, und mir blieb nichts anderes übrig, als schnellstens die 14 Kilometer nach Ried zu radeln. Kaum dampfte der Zug in den Bahnhof herein, stürmte ich zum Packelwagen und übergab dem Postler das Kuvert mit den Totoscheinen.

Eine große Errungenschaft war ein Süßigkeitenautomat mit drehbarer Wählscheibe, der neben die Eingangstür montiert wurde. Dieser Automatentyp in einem satten Rot wurde im ganzen Land verkauft, war

Eingang mit Süßwarenautomat

aber ein riesiges Klumpert. Wenn die Sonne darauf schien, ist das Schokozeug zerronnen. Auch einen Pez-Automaten schafften wir an.

Die Käthe – unsere erste Angestellte

Fast zufällig sind wir zu unserer ersten Angestellten gekommen, es war die Käthe Fastl. Sie war eine treue und gute Kundin, und eines Tages habe ich sie gefragt: „Könntest du uns hie und da aushelfen?" Sie konnte. Nicht lange danach stellten wir sie an. Sie war schwer in Ordnung und verstand sich auch mit der Mama sehr gut. Erst nachher erfuhren wir, dass sie kaum rechnen und auch nicht ordentlich schreiben konnte. Sie war aber sehr ehrgeizig und hat nächtelang geübt, um all das nachzuholen, was sie in der Schule versäumt hatte. Und was noch wichtiger war, sie war intelligent, sympathisch, auf ihre Art kultiviert und sehr, sehr fleißig. Sie leistete uns Jahrzehnte lang treue Dienste und gehörte mehr oder weniger zur Familie. Dann kam in den späten

1950er-Jahren die Frau Arth zu uns. Eigentlich müsste man sagen, sie ist wiedergekommen, denn sie war schon Lehrling beim Großvater gewesen.

Sehr bald haben wir uns auch ordentliche Arbeitskleidung besorgt. Ich hatte einen blauen Mantel aus Kunstfaser, vermutlich aus Perlon. Schick war er nicht, aber praktisch. Nicht einmal ein Logo war darauf. Vermutlich wusste ich damals noch gar nicht, was ein Logo war. Die Mama und die beiden Damen wurden mit violett-roten Kleiderschürzen ausgestattet.

Paket vermisst oder Bahnexpress in Antiesenhofen

Ein Erlebnis der besonderen Art war das Abholen der Pakete vom Bahnhof in Antiesenhofen, besser gesagt: die vielen vergeblichen Versuche. Die Hauptrolle spielte der Bahnhofsvorstand, höflich ausgedrückt ein seltsamer Typ, der sich um alles Mögliche kümmerte, nur nicht um seinen Dienst. Ich weiß nicht mehr, wie oft ich angerufen und mich nach einem Paket erkundigt habe, auf das ich wartete. Der Lackel hat es natürlich nicht gefunden, obwohl es schon da war, oder aber er hat gar nicht nachgeschaut.

In einem Fall sagte uns der Lieferant, das Paket sei vor Wochen schon rausgegangen. Tag für Tag bekam ich dieselbe Antwort, es sei noch nicht eingetroffen. Dann ist es mir zu dumm geworden und ich bin ohne viel zu fragen in der kleinen Lagerhalle über den Kohlenhaufen gekraxelt, hinter dem ich das Packel fand, das ich so sehnsüchtig erwartet hatte. Es war zu spät, wir haben die Ware nicht mehr verkaufen können. Wiederholt passierte das auch mit Lieferungen der Fleischhauerei Riedmüller in Purkersdorf. Verpackt in Bananenkartons kam das Bauerngeselchte, eine Spezialität, per Bahnexpress in Antiesenhofen an. Wir wurden zu spät verständigt, und mehr als eine Lieferung verdarb.

Der Bahnhofsvorstand war ein engagierter Funktionär der Sozialisten, wogegen gar nichts einzuwenden war. Untragbar war nur, dass er in seiner Dienstzeit politisch aktiv war und für alle möglichen Vereine arbeitete, Plakate entwarf usw. Was ihm statt seines Jobs wirklich wichtig war, zeigte sich bei einer Bundespräsidentenwahl. Schon am Montag nach der Wahl hatte er in seinem Büro ein Foto des frisch gewählten roten Staatsoberhauptes hängen. Ich glaube, dass es Franz Jonas war. Eine solche Arbeitsmoral gibt es bei den ÖBB jetzt wohl nicht mehr.

Damals kam ziemlich viel Ware mit der Bahn, da die Post keine über 20 Kilo schweren Pakete übernehmen durfte. Da die Bahn oft massive Verspätungen hatte und die Lieferzeiten viel zu lange dauerten, wurde es uns, so wie vielen anderen Unternehmen, zu blöd, und wir stiegen auf Speditionen um.

Großkampftage – Der Goldene Sonntag und Schulanfang

Im Verlauf eines Arbeitsjahres gab es Tage mit herausragenden Umsätzen und natürlich mit sehr viel Arbeit. Dann mussten alle mithelfen, um den Ansturm zu bewältigen. Dazu zählten der sogenannte Goldene Sonntag, der letzte Sonntag vor Weihnachten, und eine Woche davor der Silberne Sonntag. Da war für damalige Verhältnisse unglaublich viel los. Am Abend war die Budel unter Bergen von Ware begraben, erst am Montag wurde ordentlich aufgeräumt. Ähnlich war es am 24. Dezember. Auch am Heiligen Abend waren wir zu erschöpft zum Wegräumen.

Spitzenumsätze brachten weiters die Tage um den Schulanfang. Am besten war der Montag. Dann kamen Eltern und ihre Kinder mit langen Einkaufslisten. Wir führten all die Artikel, die gebraucht wurden: Schulbücher, Hefte, Blei- und Buntstifte, Taschen und dergleichen mehr. Verdient haben wir kaum daran, aber manche Kinder wurden zum Schulanfang auch neu eingekleidet, da war die Spanne jedenfalls besser.

Es ist auch heute manchmal so, dass wir Waren führen müssen, wie die Schulartikel, die eigentlich nichts bringen, bei denen es aber vor allem um die Kundenfrequenz geht.

Vorbilder oder Konkurrenten?

Der Fußl war in jenen Jahren noch die kleine Kramerei und wurde über Ort hinaus kaum wahrgenommen. Die Geschäfte in den Nachbarorten, der Bachmayr in St. Martin und der Andlinger in Antiesenhofen, waren dagegen weitum bekannt und bedeutend größer. Das hat mich interessiert, mehr aber auch nicht. Vielleicht habe ich auch einen gewissen Neid empfunden. Vorbilder waren sie aber trotzdem nie, sondern Konkurrenten, die ich beobachtet habe. Ich hatte meine eigenen Ideen und wollte eigentlich nie werden wie sie. Den Andlinger gibt es nicht mehr, und der Bachmayr ist heute ein Spar-Händler. Auch die Rieder Textilhändler imponierten mir nicht. Wenn ich ein Vorbild hatte, so war es der Kaufhof in Vöcklabruck.

Rückblickend kann ich nur sagen, dass die Entwicklung in den 1950er-Jahren zu langsam erfolgte. Wir waren viel zu vorsichtig, haben uns zu wenig getraut und, um ehrlich zu sein, ich hatte zu wenig Ahnung, mir fehlte es noch an Erfahrung. Für mich war diese Phase ein langer Lernprozess.

Vom Papa geschriebene Werbeblätter

ICH WAR FAST ÜBERALL DABEI

Blasmusik, Feuerwehr und Pfarrjugend

Auf dem Land war es in den 1950er-Jahren für junge Leute nicht nur üblich, sondern selbstverständlich, sich am Dorfleben zu beteiligen. Wer dazugehören wollte, engagierte sich in mehreren Vereinen. Ich hielt es ebenso und war fast überall dabei: bei der Blasmusik, der Feuerwehr und der Katholischen Jugend. Das war auch für mich persönlich wichtig, schließlich war ich einige Jahre nicht in Ort gewesen und viele Kontakte waren abgerissen.

Zur Musik bin ich durch den Papa gekommen, der, so wie an seinen früheren Dienstorten, auch in Ort wieder musikalisch aktiv war, als Organist, Leiter des Kirchenchores und als Kapellmeister der 1954 von ihm mitgegründeten Pfarrmusik. Mit einigen anderen Burschen in meinem Alter, darunter dem Ranseder Max, fing ich in diesem Jahr als „Lehrbub" bei der Musik an. Wir übten einmal pro Woche bei Hans Haslinger, einem erfahrenen Musiker, und wurden dann 1955 in den Verein aufgenommen. Ich gebe zu, dass ich nie ein wirklich guter Musiker war, sondern eher ein Hilfsarbeiter, der die Trompete herumgetragen hat. Zunächst spielte ich Es-Trompete, später Basstrompete, also Begleitung: „Umta, umta". Dann hängten sie mir das Euphonium um, ein Bassflügelhorn. Wenn ich überlege, wie gut die Musiker heute spielen und wie sie ausgebildet werden, dann war ich nicht einmal eine Viertelkraft. Aber lustig war es trotzdem. Und ab und zu auch feucht fröhlich bei den wöchentlichen Proben, die damals noch im Gasthaus Latzl stattfanden.

Beim Neujahranblasen sammelten wir Spenden für die Musik, um neue Instrumente anzuschaffen. Im Ort gingen wir von Haus zu Haus und überbrachten den Leuten musikalisch die besten Wünsche zum neuen Jahr. Für die Oma Fußl, die am 1. Jänner Geburtstag hatte, spielten wir extra noch ein Stück. In die umliegenden Ortschaften fuhren wir fast bei jedem Wetter mit einem Traktor, wir Musiker warm eingepackt auf dem Anhänger. Natürlich wurden wir dort und da bewirtet und mussten uns auch mit Schnaps stärken. Das blieb nicht ohne Folgen, wie Wolfgang immer behauptet. Das soll er aber selber erzählen, er erinnert sich angeblich ja besser:

Feucht-fröhliche Musikprobe mit mir an der Es-Trompete (stehend 3. v. r.), Papa rechts vorne

„Ich habe an diesem Tag – es muss ein Sonntag gewesen sein, das Geschäft war zu und nicht geheizt – schon mit der Inventur angefangen. Und dann ist der Karli heimgekommen, am späten Nachmittag, mit einem Mordstrumm Rausch. Aber es ist nichts passiert. Er hat sich gleich niedergelegt, um sich auszuschlafen. Das ist ihm zwar noch einmal passiert, aber ein Trinker ist er bei Gott nicht, eher im Gegenteil."

Einen wichtigen Beitrag zu meiner Musikerlaufbahn leisteten auch meine Brüder: Wolfgang und Bruno durften meine Blase putzen. Ob sie das mit großer Begeisterung gemacht haben, weiß ich nicht mehr. Jedenfalls haben sie mein Instrument mit Sidol und einem Wolltuch auf Hochglanz poliert, bevor wir wieder einmal zu einem Fest ausrücken mussten. Sehr bald bekamen wir als Uniform eine schöne Tracht. Sie war der Kleidung der Innschiffer nachempfunden: Rotbrauner Janker mit Silberknöpfen, weißes Hemd mit blauem Binderl, schwarze Knickerbocker aus Hirschleder, weiße Stutzen und grüner Hut mit Goldborte. Die Lederhose war ziemlich schwer und im Sommer der reinste

Die Pfarrmusik Ort 1962. Ich mit Bassflügelhorn (2. Reihe 3. v. r.), Papa als Stabführer (3. v. l.)

Schwitzkasten. Wir mussten uns die Montur selber bezahlen, so viel Förderung wie heute gab es seinerzeit noch nicht.

Vor einem Wertungsspiel bei einem Musikfest wurden wir von einem Musiklehrer aus Ried, einer Art Extrakapellmeister, mehrere Monate auf diesen Auftritt vorbereitet. Jürgen hieß er, er war Deutscher und ein strenger Mann, Ende 50. Wenn er bei einer Probe wieder einmal gar nicht zufrieden war, klopfte er ab und verschaffte sich Gehör: „Hört gut zu! An erster Stelle stehen die Tonkünstler, dann kommen die Musiker, gefolgt von den Musikanten und den Bloserern. Das Letzte sind die Pfoarzerer, und das seid's ihr!" Wie gesagt, er war streng und provozierte uns, doch letztlich gelang es ihm, uns auf diese Weise zu motivieren.

Zwei Auftritte sind mir speziell in Erinnerung geblieben. Das Fest „1000 Jahre Obernberg am Inn" im Juli 1955, bei dem wir als Festmusik dabei waren, weil Obernberg noch keine eigene Kapelle hatte. Ehrengäste waren Bundeskanzler Julius Raab und Außenminister Leopold Figl, beide zwei Monate nach Abschluss des Staatsvertrages unglaublich populär.

Bundeskanzler Julius Raab und Papa als Stabführer

Etwas Besonderes war die Patenschaft mit dem Orchesterverein Regensburg-Steinweg mit einer Reihe gegenseitiger Besuche. Einmal brachten wir den bayerischen Freunden als Gastgeschenk eine dreiviertel Meter große Keramikfigur eines Orter Musikers mit. Den Regensburgern hat sie gut gefallen, ich hingegen fand sie scheußlich. Bei einem dieser Treffen fiel ein Sager, der noch heute, Jahrzehnte später, die Runde macht. Ein ziemlich angeheiterter Vereinsfunktionär, der besonders glänzen wollte, forderte die Orter lauthals auf, für die Gäste aus Bayern doch einen „präservativen" Marsch zu spielen. Er meine damit wohl einen „repräsentativen" Marsch. Das Gelächter war groß! Mit den Fremdwörtern ist es halt so eine Sache … Der Austausch mit den Bayern war auch geschäftlich interessant, denn sie kauften Unmengen an hochprozentigem Stroh-Rum, den es damals in Deutschland noch nicht gab.

1967, nach zwölf Jahren, bin ich ausgeschieden, weil im Geschäft immer mehr zu tun war. Außerdem war ich auch anderweitig engagiert, bei meiner zukünftigen Frau. Der Papa blieb noch zehn Jahre länger dabei, zuletzt als Stabführer. Von uns Brüdern bin ich übrigens der Einzige, der ein Instrument gespielt hat, wenn auch auf bescheidenem Niveau. Wobei ich schon in jungen Jahren Geige spielen hätte lernen sollen, da bin ich aber über ein armseliges Gekratze nicht hinausgekommen. Bei strahlendem Sommerwetter habe ich üben müssen. Wolfgang und Bruno hätten Klavierspielen lernen sollen. Zur Enttäuschung unseres Vaters sind jedoch beide gescheitert.

Auf der Bühne habe ich meist die Deppen gespielt

Bei der Katholischen Jugend waren damals eigentlich alle dabei. Vielleicht hat mich der Ranseder Max, mit dem ich sehr gut befreundet war, mitgenommen, oder die vielen hübschen Mädchen haben mich gereizt, oder es war der volkstümliche und sportbegeisterte Pfarrer Lambert Weißl, der den Spitznamen „Don Camillo" führte und der mich quasi angeworben hat. Interessant für mich war auch der Tischtennistisch im Pfarrhof, damals der einzige im Dorf.

Am meisten Spaß machte mir jedoch das Theaterspielen. Wir waren eine lustige Truppe, schon die Proben waren eine Hetz. Die Stücke, in der Regel unterhaltsame Schwänke, kauften wir bei der Ridia, dem Theaterverlag und Kostümverleih in Ried. Organisator und technischer Leiter war der Max, der über ein selbst gebasteltes Schaltpult auch die Beleuchtung steuerte. Die Kulissen baute der Brandstötter Ludwig, ein gelernter Tischler. Wunderbar bemalt wurden sie vom Schachinger Gottfried, einem wahren Künstler. Was möglich war, haben wir selber gemacht – Kostüme geschneidert und Requisiten besorgt.

Unsere Theatertruppe mit mir als Schwarzem

Fast professionell und vor allem zeitaufwendig waren schon die Vorbereitungen. Sechs Wochen lang probten wir zweimal die Woche im Pfarrhof. Die Lehrerin Betty Weiß versuchte uns ordentliches Sprechen beizubringen. Dann folgten Leseproben auf der Bühne, bevor wir das Stück in dem meist völlig überfüllten Saal im Gasthof Ranseder aufführten. Wir waren praktisch immer ausverkauft. Die Leute sehnten sich nämlich nach Abwechslung und Unterhaltung. Nur ganz wenige hatten einen Fernseher.

Für mich waren fast immer die komischen Rollen reserviert. Ich spielte diese sehr gern und ganz gut, glaube ich. Mit dem Blödeln ist dir der Applaus sicher, und ich handelte mir den Ruf eines lustigen Vogels ein. Auch bei den Mädchen in der Theatergruppe bin ich gut angekommen. Schwer verliebt war ich in die Brandstötter Rosi. Im Rückblick bedauere ich, dass ich Depp die vielen Chancen nicht besser genutzt habe. Ich war einfach zu feig.

Einmal waren wir mit einem Stück sogar auf Tournee, um es hochtrabend auszudrücken. Wir gaben ein Gastspiel in einem Wirtshaus in Maasbach, einer kleinen Ortschaft nahe bei Ort. Ein besonderes Erlebnis möchte ich absolut nicht missen: Mitten in einer traurigen Szene

Zwei hübsche Mädchen an der Seite, links Brandstötter Rosi

öffnete einer der Darsteller eine Tür, etwas zu forsch, und die komplette Kulisse krachte auf die Bühne. Einen Moment lang waren die Zuschauer geschockt, dann ist unter lautem Gejohle heftig applaudiert worden. Unser Auftritt war zu Ende. Ältere Leute in Maasbach reden noch heute darüber. Die Einnahmen aus dem Theater reichten aus, um den jährlichen Ausflug der Jugend zu finanzieren.

Wie wir Ried zur Filmstadt gemacht haben

Eines Tages, es war im Winter, hatte sich der Max ein tolles Projekt für unseren engsten Freundeskreis ausgedacht. Die Idee war, die Stadt Ried mit einem Aprilscherz zum Narren zu halten. Wir wollten in der Zeitung eine getürkte Ankündigung unterbringen, dass Ried zur Filmstadt aufsteigen würde. Wir tüftelten an dem Text, und nach wochenlangen Vorbereitungen gelang uns mithilfe eines Magnesiumblitzes ein präsentables Foto unserer Filmcrew. Umgeben von technischem Gerät, zumeist Attrappen, wirkten wir sehr überzeugend. Ich posierte als Beleuchter.

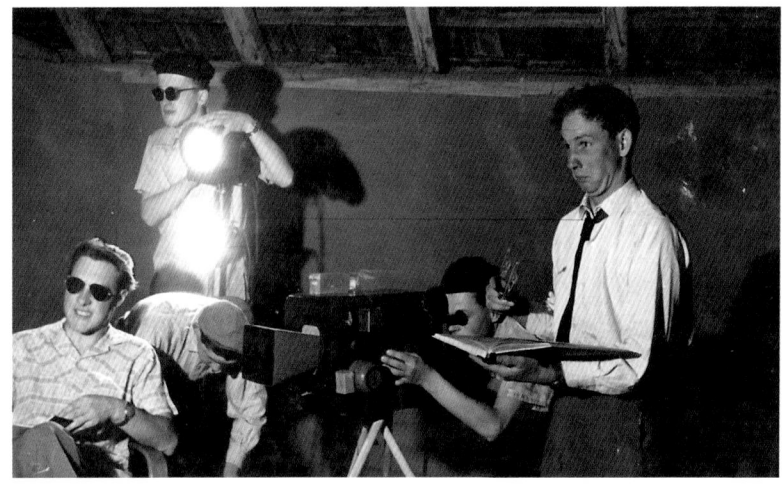

Als Beleuchter der „Filmcrew". Gottfried Schachinger, Norbert Ranseder, Lois Hufnagl und Max Ranseder, der Regie führte (von links nach rechts)

Natürlich spielte auch die „Rieder Volkszeitung" mit und brachte am 31. März einen mehrspaltigen Artikel mit unserem Foto. Unter dem Titel „Auch Ried wird Filmstadt" kündigte das als „Rieder Ratsch'n" bekannte Wochenblatt die Neuigkeit an. In unserem Beitrag schwadronierten wir von den künftigen wirtschaftlichen Möglichkeiten. Für den Filmbetrieb in einer der Volksfesthallen und auf dem Freigelände würden zahlreiche Facharbeiter und für Massenszenen hunderte Statisten gesucht. Der erste Film, der gedreht werde, sei ein Lustspiel mit dem Titel „Die Hereingelegten". Wer in dem Film mitwirken wolle, möge sich bei der Primus-Film in Halle 2 melden. Schauspielerisches Können sei nicht erforderlich …

Wie viele Menschen auf diesen Scherz hereinfielen, ist mir nicht bekannt. Wir hatten jedenfalls unseren Spaß!

Bei der Feuerwehr nicht nur aus Tradition

Der Verein, bei dem ich mit Abstand am längsten bin, ist die Freiwillige Feuerwehr. In über 60 Jahren habe ich mir den Dienstgrad eines Hauptfeuerwehrmanns mit drei silbernen Sternen erworben. Die Uniform fertigte seinerzeit der Brandstötter Schneider an, der „Bruckschneider". Während die Hose viel zu groß war, konnte ich die Jacke kaum zuknöpfen. Und jetzt kommt ein Geständnis, das ich als Textilhändler gar nicht ablegen sollte: Voller Stolz trage ich noch immer die Uniform, die ich vor so langer Zeit bekommen habe, und sie passt mir noch immer. Einige meiner Kameraden schämen sich, wenn ich so ausrücke, zum Beispiel zu einem Begräbnis.

Zur Feuerwehr ging ich aber nicht nur aus Tradition – der Großvater war Jahrzehnte lang in führender Rolle dabei –, sondern aus der Überzeugung, dass man im Katastrophenfall zusammenhalten und helfen muss. Allerdings kam es auch vor, dass die Hilfe ein wenig auf sich warten ließ, nämlich wenn der Hauptmann sagte: „Lasst's euch Zeit, mia kemman jo weit z'bald hin, ihr miasst's jo warten, dass 'höda brennt, dass d' Versicherung g'scheit zahlt." Zumindest im Nachhinein war das den Betroffenen durchaus recht.

Beim Brand des riesigen Demmelbauer-Stadels jedoch wollte die Feuerwehr zum Leidwesen des Altbauern die hochversicherte alte Dreschmaschine retten. Bei diesem Brand war ich Zeuge eines seltsamen Vorfalls: Die Löscharbeiten waren noch im Gange, da blieb ein großer Wagen vor uns stehen, aus dem der steinreiche Schärdinger Bauunternehmer Gustav Kapsreiter[36] ausstieg. Er fragte: „Wem gehört der Stadel da? Ich möchte ein Angebot für den Wiederaufbau machen." Nachdem er die gewünschte Information bekommen hatte, stieg er wieder ein und brauste davon. Diese Art der Geschäftstüchtigkeit geht sogar mir zu weit.

Die Feuerwehren haben sich in den vergangenen Jahrzehnten enorm entwickelt. Das gilt für die technische Ausstattung, aber auch für die Ausbildung. Das ist heutzutage eine hervorragend trainierte Truppe, die ihr Können oft bei Wettbewerben unter Beweis stellt.

Unser Familiensport war Tischtennis

Beim Sportverein war ich nie aktives Mitglied, wir haben den Verein aber vielfältig unterstützt, ebenso wie den Judo-Club. Nur für ein Juxmatch zwischen der Musik und der Feuerwehr trug ich einmal eine Fußballdress. Sonst spielten wir gelegentlich daheim im Garten mit den Buben aus der Nachbarschaft Fußball.

Unser Lieblingssport war seit den Jahren in Aurolzmünster Tischtennis, doch erst beim Fußl in Ort hatten wir einen richtigen Tisch. Daneben spielten wir oft auch mit den Maurermann-Buben, wir waren alle ziemlich gut. So bildete sich ein Kreis von Spielern, die später zum Stamm des Orter Clubs gehörten.

Ich war zwar bei vielen Vereinen, aber nie in führender Position. Dazu hätte die Zeit nicht gereicht. Fürs Geschäft war es besser, sich im Dorf zu engagieren, denn ein Kaufmann sollte nicht im Abseits stehen. Doch daran dachte ich damals überhaupt nicht. Ich wollte nur dazugehören.

Nur einmal in der Fußballdress   Tischtenniscrack

GEDEMÜTIGT IM MESSEPALAST

Vom Einkaufen in Wien

In der Branche hat sich schnell herumgesprochen, dass der Fußl das Sortiment vor allem im Textilbereich laufend erweitert. Deshalb kamen immer mehr Vertreter, um uns möglichst viel zu verkaufen. Die waren in erster Linie an ihrer Provision interessiert. Auf die Dauer wäre das nicht gegangen, weil wir zu teuer eingekauft hätten und gegenüber der Konkurrenz im Nachteil gewesen wären. In dieser Lage wurde ich in den späten 1950er-Jahren aktiv und begann, selber zu den Fabrikanten und den Großhändlern zu fahren.

Ich war noch sehr jung, bei Gott nicht selbstsicher und hatte kaum Erfahrung. So fuhr ich, der kleine Einzelhändler aus dem Innviertel, allein mit dem Zug nach Wien. Übernachten durfte ich bei Maria Pürstl, einer langjährigen Freundin der Familie, die wir alle „Tante Maritschl" nannten. Sie hatte eine schöne Wohnung in der Weyringergasse im vierten Bezirk, das Haus war von den Bombenangriffen auf den nahegelegenen Südbahnhof verschont geblieben.

Werbeplakat für die
Jubiläumsmesse

Mein Ziel war die Wiener Messe, die damals noch einen sehr guten Ruf hatte, genauer der Messepalast, heute Teil des Museumsquartiers. Dort hatte ich ein Erlebnis, das ich nie vergessen werde.

Ich schaute mir den Stand eines Fabrikanten an, der mich interessierte, als mich auf einmal so ein Wamperling[37] von der Seite anschnauzte: „Wos willst denn du da?" Ich antwortete: „Einkaufen will ich." „Wos? Wos denn?", fragte er. Ich antwortete, ich hätte eine Landkramerei. Da wandte er sich zu seinem Kollegen um und rief in breitem Wienerisch: „Heast, wos is a Landkramerei?" Der wusste das auch nicht. Ich hätte sagen sollen Textilfachgeschäft, schoss es mir durch den Kopf, du Aff' du, das hätte dir sicher mehr imponiert. Ich drehte mich auf dem Absatz um und ging weg. Diese Szene brannte sich für immer in mein Gedächtnis ein. Ich war verletzt und empfand die Situation als Demütigung, eine vorsätzliche noch dazu. Solche Begegnungen erlebte ich danach in Wien noch öfter.

Damals spielte sich alles im Messepalast ab. Dort fanden die Frühjahrs- und die Herbstmesse statt, in den ersten Tagen nur für uns, die Wiederverkäufer, geöffnet, danach für allgemeines Publikum. Auch eine Wiener Modewoche gab es. Wien hatte damals eine beachtliche Modeszene, im Gegensatz zu heute. Jetzt ist die Messe in Salzburg viel wichtiger.

Viel kaufte ich damals nicht ein, schon gar nicht bei diesem Idioten. Ein paar Lieferanten nahm ich aber doch auf. Immerhin war ich bei diesen Wien-Besuchen einige Male in der Volksoper und im Neuen Theater am Kärntnertor, wo ich die großartigen Kabarettprogramme von Gerhard Bronner und Helmut Qualtinger erlebte.

Später kaufte ich auch im Textilviertel bei den jüdischen Händlern am Salzgries ein. Dort hätte ich schon meine spätere Frau treffen können, die für das Geschäft ihrer Eltern in Königsbrunn am Wagram auf Einkaufstour war. Anfang der 1980er-Jahre übersiedelten die meisten Firmen aus dem Textilviertel ins neue Modegroßhandelszentrum MGC nach St. Marx. Da kümmerte ich mich schon nicht mehr um den Einkauf.

Diese ersten unerfreulichen Erlebnisse trugen für mich zu einem gewissen Vorurteil Wien gegenüber bei. Mich ärgerte es, wie manche Wiener mich ihre Überheblichkeit spüren ließen. Der abschätzige wienerische Ausdruck „G'scherter" für die Leute vom Land war mir damals noch nicht geläufig. Mein Verhältnis zu Wien ist immer noch gespalten. Unsere oberösterreichische Mentalität ist wahrscheinlich doch ziemlich anders als die wienerische. Ich bin ein g'rader Michl und halte mich an den Spruch: „Frisch außa, wia's drin is, net kriacha am Bauch, ins G'sicht schaun und d'Händ geb'n, is Obaöstreicha Brauch."[38] Meine Haltung zu Wien hat sich auch nicht geändert, seit die halbe Familie in Wien lebt: die zwei jüngeren Kinder Beate und Martin sowie meine beiden Brüder Wolfgang und Bruno. Drei Enkel sind, vielleicht nur vorübergehend, zum Studium dort. Ich fahre jedenfalls immer sehr gern wieder heim nach Oberösterreich ins Innviertel.

Eine Wienerin in unserer Familie

Die oben erwähnte Tante Maritschl war unsere älteste Verbindung nach Wien. Sie kam mit ihrem Mann, dem Onkel Sepp, einem hohen Eisenbahnbeamten, in den 1930er-Jahren zur Sommerfrische nach Ort[39] und quartierte sich in der Pension Desch ein. Nach dem Krieg wohnte sie den Sommer über bei uns im Haus und wurde zur Nenntante. Wie viele Wiener stammte sie aus Mähren, aus der einst deutschen Sprachinsel Iglau, dem heutigen Jihlava. Tante Maritschl war eine kultivierte Frau und pflegte ein schönes Wienerisch, was meinen Brüdern und mir durchaus zugutekam. Mit uns sprach sie Hochdeutsch, versuchte uns Manieren beizubringen und lehrte uns, Rummy zu spielen. Oft nahm sie uns mit auf lange Waldspaziergänge zum Schwammerlbrocken.

Die Tante Maritschl – eine Figur aus einer längst vergangenen Zeit …

MODESCHAU IM WIRTSHAUS

Hannelore Auer am Laufsteg

Als unser Angebot an Konfektion etwas breiter geworden war, begannen wir mit Modeschauen. Das gab es am Land zuvor noch nicht, wir waren wieder einmal die Vorreiter. Auf die Idee hatte mich der Adi Hemedinger gebracht, ein Vertreter der Strickwarenfabrik Geyer.

Über eine Linzer Agentur engagierte ich 1959 drei Profi-Mannequins. Eine davon war die hübsche und blutjunge Hannelore Auer[40], die spätere Frau des deutschen Schlagersängers Heino. Sie stand erst am Beginn ihrer Karriere als Schlagersängerin und Schauspielerin.

Hannelore Auer als
Fußl-Mannequin

Der erste Auftritt der drei war für einen Sonntag geplant. Um ein Uhr war ich schon nervös, da die Mädchen noch immer nicht gekommen waren. Erst nach zwei tauchten sie endlich auf. Dann haben sie den ganzen Laden umgedreht, das Geschäft war ja noch klein. Wir haben eigentlich jedes Stück vorgeführt, das wir hatten. Die Ware hatte auf einem zwei Meter langen Konfektionsständer Platz. Dazu kamen noch Westen, Stricksachen und Blusen.

Die Modeschau fand im Gasthaus Ranseder statt und wurde ein Riesenerfolg. Die Leute saßen im Saal sogar auf den Stiegen und Fensterbrettern und waren begeistert. Eine Weile blieben wir Tagesgespräch. Es war einmalig, so einen durchschlagenden Erfolg haben wir nie mehr gehabt.

Der „Ansager", heute würde man Moderator sagen, war der Hemedinger, der auch für Radio Oberösterreich tätig war. Die Musik wurde

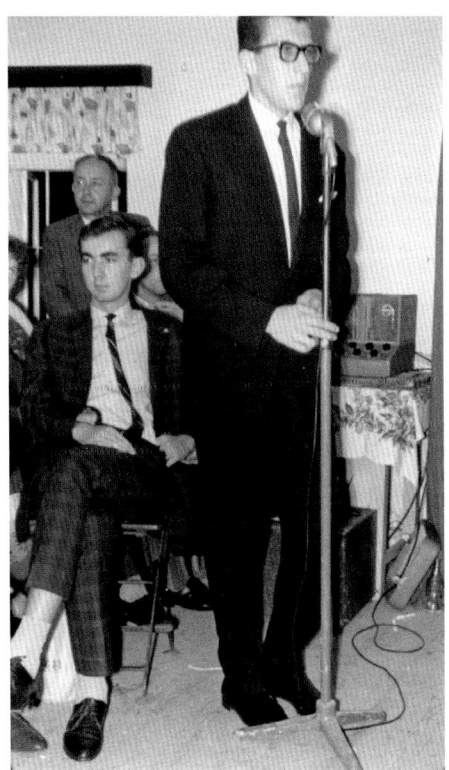

Hemedinger am
Mikrophon

von einem Band abgespielt. Das war schon professionell und auf der Höhe der Zeit. Es hat alles gepasst.

Die Premiere hatte ein Nachspiel: Viele der vorgeführten Kleider und Blusen waren durch die Schminke verschmutzt, was den Models freilich egal war. Wir haben alles gereinigt und irgendwie doch verkauft, mit dem Duft der Hannelore Auer …

Nach diesem Erfolg haben wir die Modeschauen mit eigenen Leuten gemacht, mit Mädchen und Burschen aus der Gegend, die konnten das ja auch. Natürlich mussten sie Fussl-Kunden sein. Dieses System funktionierte über zwei, drei Jahrzehnte sehr gut. Zunächst veranstalteten wir weitere Modeschauen in Ort. Bald gingen wir auch auf Tournee, mit 14 Auftritten pro Saison in verschiedenen Orten. Das war jedes Mal ein Großereignis und der Aufwand natürlich gewaltig. Wie ein Wanderzirkus sind wir mit unseren beiden Autos und einem Anhänger herumgefahren. Meist traten wir in den großen Sälen der Wirtshäuser auf.

Nicht überraschend rissen sich attraktive Frauen bald darum, für uns über den Laufsteg zu gehen. Wichtig war, dass sich die Zuschauer, das heißt die künftigen Käufer und vor allem die Käuferinnen, in den Models wiedererkennen konnten. Bei den Sommermodeschauen haben die Models in Badeanzügen und Bikinis die Blicke auf sich gezogen, der größte Applaus kam von den Männern.

Im Lauf der Jahre setzten wir auch Mitarbeiter und Familienmitglieder als Models ein. Käthe Fastl, unsere altgediente Verkäuferin, führte Mode für ältere Damen vor. Als kleiner Bub hatte Martin, unser jüngster Sohn, seinen großen Auftritt in Reichersberg, er war vielleicht fünf Jahre alt. Einmal oben auf dem Laufsteg, wollte er nicht und nicht wieder herunterkommen. Die Zuschauer jubelten, und nur mit einem Kaugummi konnte ihn Wolfgang zu sich locken. Zusammen mit Martin trat auch unsere Tochter Beate auf, beide Kinder in Tracht. Ein elegantes Paar waren auch Wolfgangs Schwiegermutter Rosi und ihr Partner Heinz, die aus Wien anreisten. In seiner Sturm- und Drang-Zeit war auch mein Bruder Bruno auf dem Laufsteg, mit langen Haaren und Bart.

Unvergessen ist ein Auftritt in Schildorn, einer kleinen Gemeinde südlich von Ried. Die quirlige Ortsbäuerin, eine treue Kundin, sagte zu meiner Frau: „Geh, kummt's amal mit der Modeschau zu uns. Ich füll' euch den Saal an, das wird das Ereignis!" Als wir ankamen, war

Beate und Martin wurden umjubelt

das Lokal bereits überfüllt. Da habe ich – im Scherz – zur Ortsbäuerin gesagt: „Na ja, a bissel mehr Leut hätten's schon sein können …" Diese Äußerung hielt sie uns später wiederholt vor, aber dem Fussl blieb sie trotzdem treu.

In den ersten Jahren war das Interesse an den Modeschauen gewaltig. Erst als immer mehr Menschen Fernseher besaßen und es bald eine Vielzahl an Programmen gab, flaute das Interesse ab. Eine Zeit lang veranstalteten wir noch Modeschauen im Haus, heute machen wir das nur noch im Rahmen der Hochzeitsaustellungen, bei denen wir die Mode aus unserem Brautsalon vorstellen.

IM VERSANDHANDEL GESCHEITERT

Ein aufwendiger, aber interessanter Versuch

1964 oder 1965 hatte ich den Eindruck, mit der Kramerei in Ort nicht weiterzukommen. Ich war unzufrieden mit der geschäftlichen Situation, und da kam mir die Idee, einen Versandhandel aufzubauen. Ich war mit einem Mal ganz versessen darauf. Der Versandhandel hatte mit Firmen wie Quelle, Neckermann, Otto und all den anderen ein tolles Image. Diese Firmen mit ihren dicken Katalogen waren die Kaiser. Da von der Filialisierung noch keine Rede war, stieg ich also in den Versandhandel ein.

Ich vertiefte mich in Fachbücher. Mir war von vornherein klar, dass es dauern würde, bis es liefe, und dass der Anfang schwierig würde. Aber ich wollte es einfach probieren und begann mit Babyartikeln: Gitterbetten, Gehschulen, Babykleidung usw. Mit diesem Angebot war ich allerdings nicht allein, denn es gab schon den 1952 gegründeten deutschen Spezialversand Walz auf dem Markt, den ich mir zum Vorbild nahm.

In Eigenregie stellte ich einen kleinen Katalog zusammen, mehr so ein Heftl mit ein paar Zeichnungen und Skizzen, den ich mithilfe einer Hektografiermaschine selber gedruckt habe. Die Zielgruppe waren Familien mit Kleinkindern. Die Frage war, wie wir an die herankommen konnten.

Einer spontanen Eingebung folgend, abonnierte ich Regionalzeitschriften aus ganz Österreich, in denen Geburten angezeigt wurden. Wir suchten die Adressen der Leute heraus und schickten ihnen unseren bescheidenen Katalog. Das war an sich ein ziemlich gutes Konzept.

Prompt flatterten auch schon die ersten Bestellungen herein. Unser Lagerbestand war nicht besonders groß, sondern überschaubar, und mit dem Verpacken hatten wir kaum Erfahrung. Die Gitterbetten wurden zusammengelegt und zu wuchtigen Ungetümen verschnürt. Die Käthe lernte sehr schnell, schöne Pakete zu machen, mit festen Knöpfen, die auch hielten. Ab und zu kamen Retouren, wobei einige Artikel Schaden genommen hatten.

Einige Zeit später fuhr ich zu einem Spezialisten für Versandhandel nach Zürich. Der nüchterne Schweizer ließ mich eine Stunde warten und wollte mir dann nicht ins Gesicht sagen, dass ich mit meinem Katalog nicht durchkommen würde. Seine stumme Botschaft jedoch war deutlich: „So wird das nichts."

Der Versand lief höchstens zwei Jahre. Obwohl wir bald nicht mehr aktiv waren, kamen noch Bestellungen herein, die wir abarbeiteten. Unterm Strich war der Versuch zwar sehr aufwendig, aber auch sehr interessant. Ich weiß nur nicht mehr, ob wir damit etwas verdient oder draufgezahlt haben …

AUCH SCHWERE BURSCHEN BELIEFERTEN WIR

Im Gefangenenhaus Suben

Zu einem ganz speziellen Geschäft kamen wir Anfang der 1970er-Jahre. Wir wurden beauftragt, alle 14 Tage die Häftlinge in der Strafanstalt Suben zu beliefern. Zuvor hatte das der Andlinger aus Antiesenhofen gemacht, ein Konkurrent von uns. Der verlangte offenbar lange Zeit überhöhte Preise. Als das aufflog, schrieb die Justizbehörde den Auftrag neu aus: ein an sich normaler Vorgang. Wir haben uns beworben und haben den Zuschlag bekommen.

Peinlich war mir der erste Kontakt mit dem Gefangenenhaus. Nachdem ich den Auftrag angenommen hatte, fuhr ich nach Suben, um mir die Lokalitäten anzuschauen. Da kam mir ein Mann entgegen, ganz elegant in einem weißen Mantel. Ich dachte, das wäre irgendein Oberer und habe ihn gegrüßt. So eine Blamage … Er war ein Fazi, ein für diesen Gang verantwortlicher Häftling. Ein Beamter der Justizwache in Uniform klärte mich darüber auf, dass der ein ganz schwerer Bursche sei.

Geliefert haben wir dann jedenfalls in der Früh, Suben ist ja nur 13 Kilometer von Ort entfernt. Die Justizanstalt befindet sich im ehemaligen Augustiner-Chorherrenstift direkt am Inn. Das Wichtigste im Sortiment waren verschiedene Sorten Zigaretten, Lebensmittel wie Kaffee, Tee, Zucker und nicht zu vergessen Koffer. Die Koffer brauchten die Häftlinge bei der Entlassung. Der eine oder andere durfte für die jeweils nächste Lieferung auch spezielle Wünsche deponieren.

Um in den kleinen, fensterlosen Verkaufsraum zu gelangen, mussten zuvor acht Türen aufgesperrt werden. Auf einer Budel arrangierten wir dort unsere Waren. Dann wurden die Häftlinge der Reihe nach hereingelassen, und zwar einzeln. Justizwachebeamte mit entsicherter Waffe überwachten den Vorgang. Trotzdem gelang es unseren Kunden, zwei Stangen Zigaretten unbemerkt mitgehen zu lassen. Sie waren halt Fachleute! Für uns war es eher bedrückend, einen halben Tag in diesem Raum zu verbringen.

Sehr gut gingen Timex-Uhren, seinerzeit eine topaktuelle amerikanische Modemarke, die es auch heute noch gibt. Die Uhren waren relativ billig, schauten aber teuer aus. Einem Häftling gefielen sie so gut, dass er kurz nach seiner Entlassung in Ort in unser Geschäft eingebrochen ist. Er nahm nur mit, was wir auch nach Suben geliefert hatten, also Timex-Uhren und vor allem Zigaretten. Die Gendarmerie identifizierte zwar den Täter, erwischte ihn aber nie. Der war ein Vollprofi und er hat die Sicherheitsschlösser in kürzester Zeit geknackt.

Manchmal war auch mein Bruder Bruno in Suben dabei. Er erinnert sich, dass uns ein Häftling einmal einen sehr starken Kaffee gekocht hat: „Der hat in ein Häferl so viel Pulverkaffee hineingeschüttet, das war nicht zu trinken. Damit er nicht angefressen war, haben wir das Gesöff aber getrunken. Jahre später ist mir dieser ‚Subener‘ an einem Sonntag in Wien in der Neulerchenfelder Straße über den Weg gelaufen. Er hat mich gleich wiedererkannt und mich mit ‚Servas‘ begrüßt. Dann war er weg."

Nach zwei, drei Jahren hörten wir mit Suben wieder auf. Wir verzichteten auf eine neuerliche Bewerbung. Einer der Gründe war, dass es einige Aufsehen erregende Entführungen gegeben hatte. Dadurch ist mir bewusst geworden, dass ich Schwerverbrecher bediene. Ich gebe zu, ich hatte auch Angst, um mich und um unsere Kinder. Außerdem fand ich heraus, dass der Andlinger nach wie vor das lukrative Geschäft hatte. Vor ihrer Entlassung bestellten die Häftlinge bei ihm Anzüge und Mäntel. Damit war gut zu verdienen. Und wir durften den Kleinkram liefern …
Das wurde mir dann doch zu blöd und ich ließ es künftig bleiben.

Die Strafvollzugsanstalt Suben im ehemaligen Stift

VORREITER BEI DER SELBSTBEDIENUNG

Ein neues Einkaufserlebnis

Einen weiteren wichtigen Schritt, unser Geschäft zu modernisieren, machten wir im Jahr 1966. Wir stellten bei den Lebensmitteln auf Selbstbedienung um und zählten damit zu den Pionieren in Oberösterreich. Im Innviertel waren wir überhaupt die Ersten.

Ich hatte mich schon lange Zeit mit diesem Thema beschäftigt und in die einschlägige, vor allem amerikanische Fachliteratur eingelesen. Die Amerikaner waren uns im Einzelhandel schon immer weit voraus, vor allem mit der Selbstbedienung in Supermärkten und der großzügigen Präsentation der Waren. Auch in der Schweiz hatte ich mir Anregungen geholt. Ich war ziemlich sicher, dass dem System der Selbstbedienung die Zukunft gehören würde.

Das neue Einkaufszentrum entsteht

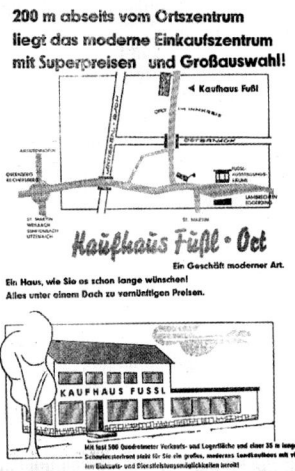

Werbung für das erweiterte Kaufhaus

Mir kam dabei zugute, dass ich immer offen für Neuerungen war, und vor allem bereit, diese auch umzusetzen, getreu dem Motto: Handel ist Wandel. Man muss mit der Zeit gehen, denn Stillstand kann leicht zum Rückstand führen.

Für mich stellte sich die Frage, was in Ort beim Fußl realisierbar war. Für dieses Konzept brauchten wir mehr Fläche, das hing unmittelbar zusammen. Wir mussten also wieder bauen. Es wurde mit 300 Quadratmetern der bisher größte Zubau. Durch diese Erweiterung war es erstmals möglich, die Lebensmittel von Textilien und anderen Warengruppen zu trennen, was den Kunden einen besseren Überblick verschaffte. Heute kann sich niemand mehr vorstellen, welches Durcheinander früher in einer Kramerei herrschte.

Unser Hauptlieferant war nach wie vor die Firma Gruber in Ried. Da wir damals sein größter Kunde waren, unterstützte uns der Gruber bei der Umstellung auf Selbstbedienung. Hans Leitner, unser Vertreter, räumte die neuen SB-Regale ein, und Bruno half ihm dabei. Die Einrichtung lieferte uns die Ladenbaufirma Storebest, ein deutsches Unternehmen, das kurz vorher in Steyr sein Vertriebsbüro in Österreich eröffnet hatte. Die Regale waren das Beste, was damals auf dem Markt war, und – kein Wunder – sauteuer. Mir ging erstmals durch den Kopf, ob wir den Ladenbau nicht selber machen sollten.

Unsere drei Mitarbeiter Käthe Fastl, Siegbert Wagner und Pauline Arth

Zur Eröffnung entwarf der Vater eine Serie großer Plakate und beschriftete unzählige kleinere Preisschilder. Weil er das so wunderbar machte, bat ich ihn sehr oft – vielleicht zu oft – um neue Plakate. Das neue Geschäft war für die damalige Zeit ganz gut, ich war zufrieden. Die intensive Werbung bewirkte, dass wir am ersten Tag überrannt wurden. Die Leute waren neugierig auf diese Selbstbedienung. Wie würde das funktionieren? Vielen kam es komisch vor, dass sie sich die Waren selber suchen und in ein Einkaufswagerl legen sollten. Körberl hatten wir keine, nur kleine Wagerl. Die Älteren kannten sich überhaupt nicht aus, ihnen mussten wir helfen zurechtzukommen. Bald fuhren alle gern mit den Wagerln, es war ein neues, anderes Einkaufserlebnis. Bedienung gab es nur bei der Frischware, Wurst, Obst und Gemüse.

Die blöde Bemerkung „Ihr seid's ja jetzt zu faul zu arbeiten" haben wir einfach überhört. Mit der Umstellung auf Selbstbedienung waren wir sehr früh auf dem richtigen Weg.

Festbeleuchtung

WIE ICH MEINE FRAU KENNENLERNTE

Eine Kaufmannstochter aus dem Weinviertel

Das Geschäft ist ständig gewachsen und die Arbeit immer mehr geworden. „Da gehört längst eine Frau her", so lautete die einhellige Meinung meiner Familie. Vor allem die Mama drängte mich, doch ans Heiraten zu denken. Natürlich hatte ich im Lauf der Jahre das eine oder andere Techtelmechtel und mich auch ein paar Mal verliebt. Bis zum Alter von 25 Jahren hörte ich daheim jedoch meistens: „Die ist nichts für dich", „Die passt nicht zu dir" oder „Die taugt nicht fürs Geschäft. Lass die Finger von der!" Je näher es auf meinen 30. Geburtstag zuging, desto nervöser wurde die Familie. Dort und da wurde bereits gemunkelt: „Der Fussl Karli ist ja mit dem Geschäft verheiratet."

Ich war dann schon über 30, als ich ein Angebot der Niederösterreichischen Handelskammer für eine Studienreise nach Kanada und in die USA las, und ich meldete mich an. Es war mein großer Traum, nach Amerika zu reisen. Damals zählten die amerikanischen Einzelhandelsgeschäfte weltweit zu den besten, sie waren Europa mit ihren Supermärkten und der Selbstbedienung weit voraus. Das wollte ich, der kleine Kramer, mir unbedingt anschauen. Später holte ich mir, gemeinsam mit meiner Frau, während zahlreicher Urlaube in den USA immer wieder Anregungen für unser Geschäft.

Unmittelbarer Anlass für die Reise war ein Besuch der Weltausstellung Expo 67 in Montreal. Das Ausstellungsgelände befand sich auf einer Halbinsel und zwei weiteren Inseln im Sankt-Lorenz-Strom. Die Expo unter dem Motto „Der Mensch und seine Welt" war auch der Höhepunkt der Hundertjahrfeier Kanadas. Neben den Pavillons der Expo mit ihrer futuristischen Architektur beeindruckten mich in Montreal die großen Kaufhäuser der Hudson Bay Company mit dem umfassenden Angebot auf mehreren Etagen und einem gigantischen Lebensmittelmarkt im Untergeschoss. Die Läden hatten rund um die Uhr geöffnet. Es war mein erster Blick in eine neue Welt.

Nach dem Besuch in Montreal wurden die 200 Teilnehmer in drei Gruppen aufgeteilt. Die Route meiner Gruppe führte nach Philadelphia, Washington und zu den Niagarafällen. Am Firmensitz der National Cash Register, der weltweit führenden Firma für Registrierkassen in Dayton im Bundestat Ohio, nahmen wir an einem Kurs für Kassenlösungen teil. NCR bemüht sich seit jeher sehr um den Einzelhandel, um im Gegenzug umso mehr Registrierkassen verkaufen zu können. Beim Fußl war schon 1953 eine NCR-Kassa angeschafft worden.

In meiner Gruppe waren nur wenige Alleinreisende, und – von zwei Ausnahmen abgesehen – nur Niederösterreicher. Die eine Ausnahme war der Josef Gruber, ein Fleischhauer aus Vorau in der Steiermark, die andere ich. Wir taten uns zusammen und teilten sogar das Zimmer. Eine fesche junge Frau, die allein reiste, war mir sofort aufgefallen: Berti Doppelreiter.

Jetzt soll die Berti weitererzählen …

„Nachdem unser Besuch in Montreal beendet war, ist eine in Amerika lebende Tante eingeflogen, um auf mich aufzupassen. Sie nahm das ganz ernst und schlief mit mir im Doppelzimmer, machte aber nur die halbe Rundreise mit. Danach war ich frei, und das war gut so. Richtig gefunkt zwischen Karli und mir hat es dann bei den Niagarafällen. Ich erkundigte mich bei unserem Reiseleiter, einem Herrn aus der Handelskammer, wo denn die Brücke sei, die jungen Pärchen Glück bringt, wenn sie darüber gehen. Und dann sind wir über diese Brücke gegangen. Es war der 13. Mai 1967. Am Abend beim Tanzen sind wir einander nähergekommen. Der Karli ist ein wirklich guter Tänzer. Am nächsten Tag gingen wir Händchen haltend – die Brücke hatte uns Glück gebracht …"

In Ort lief das Geschäft unterdessen wie gewohnt. Schließlich war ja die Mama da. Zu ihrer Unterstützung kam auch der Wolfgang heim. Er habe, wie er immer erzählt, seine Studien in Wien unterbrochen, wieder einmal ein Semester verkürzt und daheim das Geschäft geführt. Er habe sich, und darauf besteht er, geopfert, damit ich endlich zu einer Frau komme.

Ein trauriges Ereignis fiel in diese Zeit: Am 15. Mai starb die Fußl-Oma im Alter von 78 Jahren. Es tut mir noch heute weh, dass ich beim Begräbnis nicht dabei sein konnte. Allerdings habe ich in Amerika geträumt, die Oma wäre gestorben. Vernünftigerweise bin ich nicht verständigt worden, mit den damaligen Mitteln wäre das auch sehr schwierig gewesen. Bei der Heimkehr von der Reise holte mich Wolfgang von der Bahn in Schärding ab und erzählte mir, dass die Oma verstorben und schon beerdigt worden war.

Die Familie ahnte schnell, dass ich mich in Amerika ernsthaft verliebt oder vielleicht sogar die Frau fürs Leben gefunden hatte. Bruno, damals 15 Jahre alt, war ein aufmerksamer Beobachter. Er erzählt:

„Der Karli war so nervös und hat dauernd telefoniert, auch heimlich. Wir waren gespannt und neugierig, ob daraus etwas Ernstes würde, und hofften, diese Frau, die ihm offenbar den Kopf verdreht hatte, bald kennenzulernen. Im Sommer traf Karli sie jedes Wochenende in Wels oder in Krems, wie wir später erfuhren. Am Samstagmittag musste das Auto sauber sein. Zur Vorbereitung auf seine Rendezvous aß er eine Eierspeise oder Ham and Eggs. Wir haben ihn natürlich sekkiert, wie sich das unter Brüdern gehört."

Ein enttäuschter Vater und ein vorwurfsvoller Pfarrer

Berti erzählt, was sie in den Monaten nach unserer Rückkehr aus den USA erlebt und erlitten hat:

„Schon mit 15, 16 Jahren bekam ich von einem Polizisten den ersten Heiratsantrag. Ich habe ihm zurückgeschrieben: ‚Es tut mir leid, ich heirate einmal nur einen Kaufmann.' Ich wusste damals schon, dass ich in einem Geschäft arbeiten wollte, das war für mich sonnenklar. Das war auch der Grund, wieso ich später einen der großen Weinbauern aus dem Dorf abgewiesen habe. Als ich nach Amerika reiste, hofften meine Eltern, dass ich auf dieser Tour einem Kaufmann begegnen würde, der mit mir das Geschäft in Königsbrunn am Wagram übernehmen würde.

Dass ich mich Hals über Kopf in einen Oberösterreicher verliebe, war nicht vorgesehen. Schon gar nicht in einen, der so hohe Schulden hat. ‚Eine Million Schilling, ja, was glaubst denn?' Mein Vater war entsetzt und sehr besorgt, als ich ihm das erzählte. Papa war ein Kaufmann vom alten Schlag, grundsolid, keiner, der jemals Schulden gemacht hatte. Wenn ein Waggon mit Kohle kam, hat er 30.000 Schilling von der Sparkasse geholt und die Lieferung sofort bezahlt. Und wenn die Bauern ihm zahlten, ist er mit den Einnahmen gleich wieder zur Sparkasse gefahren. Und da kam jetzt dieser Kerl mit seinen Schulden daher, in den ich schwer verliebt war …

Als unsere Geschichte im Dorf bekannt wurde, sagten die Leute zu mir: ‚Du wirst doch diesen Oberösterreicher herbringen, damit das Geschäft da am Platz ausgebaut wird. Da müssen junge Leute her!' Karli hat aber gleich abgewunken und gesagt: ‚Nein, ich habe so viel investiert und so hohe Schulden, ich muss daheim weiterarbeiten.' Mein Vater, ein sehr strenger Mann, wollte meinem Glück nicht im Wege stehen, sagte zu Karli jedoch klipp und klar: ‚Solang die Berti nicht angeschrieben ist, kriegst du von mir kein Geld.' So gründeten wir eine Gesellschaft bürgerlichen Rechts, mit 50 Prozent für jeden von uns. Dann bekamen wir von meinem Vater eine Million Schilling, und die Schulden waren mit einem Schlag weg. In Wahrheit sind wir jedoch nie von den Schulden weggekommen, weil wir ständig ausgebaut und erweitert haben. Die Schulden sind immer mehr geworden, allerdings die Umsätze auch. Aber das Verhältnis zum Umsatz hat immer irgendwie gepasst.

Ursprünglich planten wir, im Mai zu heiraten, zu unserem ersten Jahrestag. Doch ich wurde vorher schwanger. Meiner Mama habe ich es zuerst gebeichtet. Sie hatte das schon vermutet.

Mein Vater, dem ich es anschließend auch sagen musste, fing vor Entsetzen an zu weinen und warf mir vor, Schande über die ganze Familie zu bringen. Ja wirklich, so war das damals.

Beschämt hat mich unser Pfarrer, der mich als Dekanatsführerin der Katholischen Jugend gut kannte und schätzte. ‚Um Gottes willen!', rief er jedoch aus, ‚du bist schwanger? Dann kann ich dich nicht trauen!' Ich sagte ihm, dass ich ins Innviertel ziehen würde und uns ein Pfarrer aus Oberösterreich, nämlich Dechant Augustin Gadringer, trauen werde. Aber ich fühlte mich gedemütigt von ihm und weiß noch, wie ich zu zittern begann, so schlecht ging es mir. Rückblickend frage ich mich, wo da die Barmherzigkeit geblieben ist …

Schließlich haben wir am 12. November standesamtlich in Ort und am 19. November kirchlich in Maria Taferl geheiratet, das liegt zwischen unseren Heimatorten in Nieder- und Oberösterreich. Wolfgang, mein künftiger Schwager, führte mich zum Altar, weil mein Vater dazu nicht in der Lage war. Für ihn war das alles nur traurig und er hat ununterbrochen geweint. Jahrelang hatte er gehofft, dass ich sein Geschäft übernehmen würde. Ich hätte den Weinbauern heiraten sollen, also der eine macht den Weinbau und die andere das Geschäft, so hatte er sich das vorgestellt. Meine ältere Schwester Trude war mit dem Kaufmann Otto Knell im zwölf Kilometer entfernten Glaubendorf verheiratet, einer ihrer Söhne sollte später das Geschäft in Königsbrunn übernehmen.

Hochzeit in Maria Taferl

Die ‚Kremser Zeitung' berichtete, der Kirchenchor aus Königsbrunn habe unter der Leitung seines Regenschori Direktor Anton Dopplinger eine allseits bewunderte Messe von Haydn aufgeführt. Die Wallfahrtskirche sei voll besetzt gewesen mit Gläubigen aus beiden Pfarren. Die Pfarre Königsbrunn verliere eine brave Jugendführerin der KLJ, der Kirchenchor eine treue und gute Sängerin und Ort habe durch die Liebe eine Perle gefunden.

Die Hochzeitstafel fand im Hotel Schachner statt. Von dort hat man einen herrlichen Blick ins Donautal. Doch an diesem Tag war der Nebel so dicht, dass man keine zehn Meter weit sehen konnte. Diese trübe Aussicht hat mein Glück an diesem Tag jedoch in keiner Weise trüben können!

Innviertlerisch lernen

In meinem neuen Zuhause beim Fußl gewöhnte ich mich rasch ein. Es wurde mir auch leicht gemacht. Mit der Schwiegermutter verstand ich mich von Anfang an sehr gut, sie half mir beim Einräumen der Ausstattung. Der Schwiegervater, ein Charmeur, eroberte auf der Stelle mein Herz.

Das Weihnachtsgeschäft war schon in vollem Gange, als ich einstieg. Es war viel mehr los als bei uns daheim in Königsbrunn. Trotzdem wollte ich heimfahren, um meinen Eltern zu helfen. Aber der Papa sagte dazu nur: „Du schaust, wie du z'sammkommst, und wir schauen, wie wir z'sammkommen." Also blieb ich beim Weihnachtsgeschäft in Ort.

Jetzt ging es darum, Innviertlerisch zu lernen. Ich wollte mich anpassen, die Leute sollten mich ja auch verstehen. Tatsächlich ging es dann nur um ein paar Ausdrücke, wie sich bei der Inventur zeigte. „Schiebern" zum Beispiel sagen wir im Weinviertel für einschlichten oder einräumen. Mir wiederum war der Ausdruck „Pfoad" für ein Herrenhemd fremd.

Berti strahlt an meiner Seite

129

DAS „ERSTE INNVIERTLER SELBST-BEDIENUNGSWARENHAUS"

Alles unter einem Dach

Silvester 1968 habe ich zu Berti gesagt, in dem Jahr sei eigentlich nichts weitergegangen. Sie fragte mich: „Und was ist mit Karli, unserem kleinen Buben?" Der Karli war mir natürlich sehr wichtig, aber ich hatte halt immer das Geschäft im Kopf. So war es, und ich gebe es auch zu.

Im folgenden Jahrzehnt, in den 1970er-Jahren, widmeten wir uns mit aller Kraft dem Ausbau unseres Geschäftes in Ort. Ziel war ein großes Innviertler Selbstbedienungswarenhaus nach dem Vorbild des Kaufhofs in Vöcklabruck. So erweiterten wir Zug um Zug das Sortiment, was wiederum größere Flächen erforderte.

Wir stocken das Haupthaus auf

Wir begannen wieder zu bauen, bauten an und stockten bestehende Gebäude auf. Der alte Stadel wurde abgerissen, was mir sehr schwerfiel. Er war für mich ein letzter Zeuge der alten Zeit, der damit verschwand.

Oft war ich mehr auf den Baustellen im Einsatz als im Geschäft. „An dir ist ein Baumeister verlorengegangen", sagte Berti.

Viele Monate auf der Baustelle

Ebenso aktiv waren wir im privaten Bereich. Zwischen 1968 und 1976 kamen unsere vier Kinder auf die Welt. Unsere finanzielle Lage war konsolidiert, nachdem ich mich beim Zubau von 1966 etwas übernommen hatte. Die großzügige Mitgift meiner Frau kam im richtigen Moment. Gleichzeitig träumte ich von der Filialisierung, wobei der erste Versuch in Obernberg schon nach kurzer Zeit fehlschlug.

Das Konzept für das Haus in Ort war einfach: Alles unter einem Dach. Wer zum Fussl kam, sollte alles bekommen, Lebensmittel und Textilien aller Art, Sportartikel, Schuhe, Vorhänge, Teppiche, Möbel, Matratzen, Kinderwagen, Rasenmäher, …

„Alles unter einem Dach" – Konfektion und Teppiche und …

Zu der Trafik und dem Sporttoto kamen andere Serviceleistungen hinzu, wie das hauseigene Restaurant, eine Abgabestelle für Kleiderreinigung, eine Bettfedernreinigung und selbstverständlich eine Änderungsschneiderei. Wir wollten die Kunden rundum versorgen, sie sollten sich bei uns wohlfühlen. Auch das Hallenbad öffneten wir zunächst für Besucher. Für die Kinder gab es einen Spielplatz und zu Ostern das Hasendorf. Vor Weihnachten war das Haus festlich geschmückt und beleuchtet. Jeder Einkauf sollte ein Erlebnis sein.

Oberstes Ziel blieb immer, die Frequenz zu erhöhen und dadurch den Umsatz zu steigern. Auch werblich waren wir sehr gut unterwegs. Dem wachsenden Einzugsgebiet entsprechend streuten wir die Postwürfe weiter. Der größte Ausbauschritt erfolgte 1972, als wir die Verkaufsfläche auf 1200 Quadratmeter verdoppelten. Die Gesamtbetriebsfläche mit Restaurant, Büro und Nebenräumen wuchs auf rund 2000 Quadratmeter. Das „Erste Innviertler Selbstbedienungswarenhaus" eröffnete am 31. August. Es war ein Riesenerfolg.

Das neue Einkaufsziel mit dem großen Einzugsgebiet

Schöne Preise zur Eröffnung

Von der Imbissstube zum Restaurant „Birnbaum"

Der Grund für die Errichtung der Imbissstube im ehemaligen Stall war, dass kein Wirt in Ort ein Mittagessen anbot. Wir fanden es jedoch wichtig, dass sich die Kunden bei uns mit einem Getränk oder Imbiss stärken konnten. Auch die Vertreter, die zu uns kamen, konnten wir versorgen. Schließlich war es für uns alle – die Mitarbeiter und die Familie – angenehm, unser eigenes Lokal zu haben.

Auch in der Imbissstube setzten wir zunächst auf Selbstbedienung, stellten aber nach wenigen Jahren auf Bedienung um. Den Gästen war das lieber. Auf die Imbissstube folgte 1985 das Restaurant „Zum Birnbaum", benannt nach einem Birnbaum, der in das erweiterte Gebäude integriert wurde. Der um 1890 gepflanzte Baum, eine Rote Bichelbirne, lieferte einst die Basis für einen außerordentlich süffigen Most und überlebte bis 1996. Als Namensgeber für das Restaurant lebt er weiter, sein mächtiger Stamm steht noch immer mitten im Lokal. Das Restaurant ist aus unserem Betrieb und dem Tagesablauf nicht mehr wegzu-

Von Anfang an gut besucht

denken. Nicht nur viele Kunden besuchen es, sondern auch zahlreiche Mitarbeiter und Familienmitglieder nehmen dort das Mittagessen ein. Von Montag bis Freitag gibt es ein günstiges Menü, das für die Mitarbeiter noch einmal verbilligt ist. Gekocht wird vorwiegend Hausmannskost.

Im Jahr 2010 wurde das Lokal erneut umgebaut und hat jetzt eher den Charakter eines Kaffeehauses. Besonders schön ist das freigelegte Ziegelgewölbe des einstigen Stalls. Das Angebot ist unverändert geblieben. Der „Birnbaum" eignet sich auch hervorragend für Familien- und Firmenfeste.

Hallenbad und Swimmingpool aus Schilda

Dort, wo früher die Odelgrube war, also die Jauchegrube, bauten wir 1977 ein Hallenbad. Ich erfüllte mir damit einen großen Wunsch. Die Idee war, dieses Bad auch öffentlich zu machen. Es sollte zur Frequenz beitrag, die Kunden sollten es nutzen. Wir bauten großzügig, das Becken zehn mal vier Meter, mit Gegenstromanlage und allem, was sonst noch dazugehört. Diese Maße waren vorgeschrieben, wenn das Schwimmbecken öffentlich nutzbar sein sollte. Gleichzeitig war es die Voraussetzung dafür, die Kosten zum Teil abzuschreiben.

Der Zugang zum Bad führte durchs Restaurant. Die Leute zahlten, verstauten ihre Kleidung in Garderobekästen und duschten, oder auch nicht. Dies funktionierte mehr schlecht als recht, und schon nach kurzer Zeit waren wir gezwungen, das Bad für Besucher zu schließen. Es rechnete sich auch nicht, weil der Eintritt extrem günstig war. Für die jungen Leute war es zu wenig attraktiv, die wollten sich austoben. Seither nutzen wir es nur noch privat.

Das erste Projekt zum Bau eines Bades fiel 1961 buchstäblich ins Wasser. Damals wollte ich in die Odelgrube hinein einen Pool bauen, die Leitung zum Entleeren des Beckens sollte direkt in die sieben, acht Meter entfernte Osternach münden. Den Wolfgang, damals ein sehniger Gymnasiast, konnte ich in den Ferien motivieren, diese Leitung zu graben. Es war ein sehr heißer Sommer, und Wolfgang buddelte tagelang. Der über zwei Meter tiefe Schacht reichte schon bis zum Bach. Wolfgang ließ sein Werkzeug über Nacht auf der Baustelle liegen. Am nächsten Morgen gab es Hochwasser, und der nicht gepölzte Schacht füllte sich mit Wasser, stürzte ein und begrub mit dem Werkzeug auch unsere Schnapsidee für einen Swimmingpool in der früheren Odelgrube. Schilda lässt grüßen …

Der Sport hätte ein starkes Standbein werden sollen

Wohl im Zuge des anhaltenden Wirtschaftsaufschwungs betrieben immer mehr Menschen Sport. Daher war es naheliegend, dass auch wir auf diesen Trend reagierten. Sportbekleidung hatten wir, wenn auch bescheiden, bereits im Sortiment. Im Herbst 1975 kamen Sportgeräte dazu. Wir traten Intersport bei, dem stärksten Einkaufsverband der Branche. Die neue Sportabteilung fand im aufgestockten Haupthaus Platz, und unsere erste Verkäuferin dort wurde Christa Stockhammer, mehrfache Judo-Staatsmeisterin aus den Reihen des heimischen Judo-Klubs.

Die neue Sportabteilung

Die neue Abteilung, in die wir große Hoffnungen
setzten, wurde intensiv beworben. Für das Stammhaus
in Ort kreierten wir den griffigen Slogan „Fussl Ort –
Mode Sport". Dieser Spruch zierte auch ein „Freund-
schaftskanne" genanntes Glas, das Kunden bei einem
größeren Einkauf als Draufgabe erhielten.

Auch in den Filialen in Ried und Mattighofen
richteten wir Sportabteilungen mit allen dazugehö-
renden Servicegeräten ein. Nicht zuletzt aufgrund der Werbung stimm-
ten anfangs auch die Umsätze halbwegs. Wir warben auf Sportplätzen,
auf Fußballerdressen und den Trikots der Radrennfahrer, die eine Zeit
lang als RC Fussl an den Start gingen. Eine Werbeaktion mit dem Rad-
sportidol Rudi Mitteregger wurde allerdings zur Blamage. Wir hatten
den dreifachen Sieger der Österreich-Rundfahrt nach Ort eingeladen,
doch es kamen kaum Leute. Es war schrecklich peinlich. Der legendäre
Rennfahrer stand zeitweise mit mir allein da. Von den Kosten will ich
gar nicht reden …

Partner der SV Ried

Eine besonders enge Partnerschaft verbindet uns seit über 30 Jahren mit der SV Ried. Der Klub spielte bis 2017 in der Bundesliga. Auch nach dem Abstieg wird sich an dieser Kooperation nichts ändern. Das Fussl-Logo wird weiter die Hosen der Rieder Fußballer zieren, auch an der Ausstattung der Mannschaft mit modischen Anzügen halten wir fest.

Mitte der 1990er-Jahre sperrten wir – vor allem auf Drängen der jungen Generation – die Sportabteilungen sukzessive zu. Der Bereich war immer schwieriger geworden und passte nicht mehr in unser Konzept. Außerdem hatten wir leider zu wenig daran verdient. Nach rund 20 Jahren war dieses Kapitel zu Ende.

Das „Schuh-Carussell"

Zu unserem Angebot nahmen wir auch Schuhe dazu. Aus einer kleinen Koje mit Hausschuhen und Gummistiefeln entstand eine eigene

Abteilung mit dem Namen „Schuh-Carussell", abgeleitet von dem Spe-
zialmöbel, auf dem wir unsere Kollektion präsentierten. Der Tischler-
meister Salletmaier, ein Nachbar, hatte diese Vorrichtung nach meiner
Skizze gebaut. Zwischen zwei große Holzräder wurden die Regale mit
den Schuhen eingehängt. Durch Drehen mit der Hand konnten sich die
Kunden der Reihe nach alle Schuhe anschauen. Drehte jemand das Ka-
russell zu schnell, sind die Schuhe heruntergepurzelt und das Durcheinander war perfekt. Es war zweifellos eine interessante Konstruktion.

Ab Mitte der 1970er-Jahre bauten wir die Schuhabteilung laufend
aus. Zum Einkaufen fuhren wir zu den Fachmessen nach Wien und
Düsseldorf und wurden Mitglied beim Schuh-Einkaufsverband Garant.
Da unser Angebot gut angenommen wurde, stiegen wir mit Schuhen
auch in Ried und Mattighofen ein. In Zusammenhang mit der Filiale in
St. Johann traten wir 1989 die Verkaufsflächen für Schuhe an die Firma Schnöll ab, die sie bis 1996 unter dem Namen „Der Schuh" bewirt-
schaftete. Im Gegenzug erhielten wir in dem von Schnöll errichteten
Kaufhof in St. Johann Flächen für unser neues Geschäft. Danach war
auch mit den Schuhen Schluss, und das „Schuh-Carussell" stand von
da an still.

Die Bettbank

Ein großer Renner in den 1960er-Jahren waren Bettbänke, die man
zum Schlafen aufklappen konnte. Dieses Möbelstück war an sich sehr
praktisch, aber doch ziemlich schlicht. Aber etwas anderes gab es damals nicht. Für uns waren Bettbänke ein wichtiger Artikel, von dem
wir große Stückzahlen verkauften. Einigermaßen herausfordernd war
die Zustellung, für die wir nur unseren Opel Caravan hatten: Rücksitze
umlegen, Hecktüre auf und hinein mit der Bettbank.

Ab und zu durfte oder musste auch ich das erledigen. So auch an einem 24. Dezember. Die Kunden wollten die Bettbank unbedingt noch
vor Weihnachten haben. Dass es ausgerechnet am Heiligen Abend war,
hat mir nichts ausgemacht, und ich kam auch zur vereinbarten Zeit
am Nachmittag bei den Leuten an. Nur – im Auto war keine Bettbank
mehr! Was für eine Katastrophe … Ich hatte das Möbel verloren, es war
bei einer steilen Stelle aus dem Wagen gerutscht, und ich hatte es nicht

bemerkt. Es war mir furchtbar peinlich, doch meine Kunden waren mir nicht böse. Wir erneuerten das Holzgestell und konnten die Bettbank wieder verkaufen. Im Moment war die Geschichte nicht lustig, aber später konnten wir über so eine Episode herzlich lachen. Bald danach hörten wir mit den Möbeln wieder auf. Es war halt doch nicht unsere Branche.

Ein Rasenmäher sprengt das Sortiment

Mit der Erweiterung des Sortiments haben wir es manchmal übertrieben, so zum Beispiel mit den Rasenmähern. Von diesen Geräten hätten wir besser die Finger lassen sollen, da uns jedes Know-how fehlte. Noch dazu bin ich technisch ziemlich unbegabt. Von diesem Abenteuer blieb uns jedoch eine lustige Geschichte, die es wert ist, erzählt zu werden:

Frau Dr. Thorwarth, unsere angesehene Gemeindeärztin, wollte bei uns einen Rasenmäher kaufen. Ich hatte ein besonders schönes Gerät, das gerade ausgeliefert worden war und das ich ihr anbieten wollte. Es war ein strahlend schöner Sommertag, und wir drei Brüder machten uns im Garten daran, den Rasenmäher auszupacken und zusammenzubauen. Wolfgang assistierte mir, er ist genauso ein technisches Genie wie ich … Bruno schaute uns interessiert zu: die drei Brüder in Aktion. Wir legten die einzelnen Teile auf, studierten die Montageanleitung, lasen das Papier noch einmal, kannten uns aber noch immer nicht aus.

Wir sahen einander an und begannen gleichzeitig laut loszulachen. Wir konnten gar nicht mehr aufhören und kugelten vor Lachen auf dem Rasen herum. Irgendwann nach unzähligen Versuchen hatten wir alle Teile eingebaut und sahen uns mit stolz geschwellter Brust den knallroten Rasenmäher an. Dann zogen wir den Anlasser, aber das Gerät wollte nicht anspringen … Es dauerte, bis wir es endlich in Gang gesetzt hatten.

Auf mich wartete anschließend noch die schwierige Aufgabe, das prachtvolle Stück im Thorwarth-Garten vorzuführen. Natürlich sprang der verflixte Mäher beim ersten Mal nicht an, auch nicht beim zweiten Mal. Besonders peinlich war mir, dass sich das Drama vor den Augen des alten Weilhartner abspielte, der Mechaniker war Spezialist für Fahrräder und Rasenmäher. Aus seiner Werkstatt schräg gegenüber grinste er völlig zu Recht bös herüber. Ich konnte den schönen roten Rasenmäher dann doch verkaufen, aber wir hörten bald wieder auf mit diesen Geräten. Das war nicht unser Metier.

Vom überbreiten Sortiment zum Fokus auf die Mode

Nach dem Ausbau des Sortiments zum umfassenden Warenhausangebot machten wir langsam kehrt und zogen uns Schritt für Schritt aus verschiedenen Bereichen zurück, Sortimentsbereinigung war angesagt. Zuerst verzichteten wir auf die Lebensmittel, seit den Anfängen die Basis des Geschäfts. Die Trennung von anderen Sparten dauerte länger, zum Teil aus sentimentalen Gründen, zum Teil weil wir über lange Zeit gut damit verdient hatten. Mit manchen Warengruppen waren wir nicht erfolgreich, weil uns das Know-how fehlte oder die nötige Geduld. Wir beschlossen, uns in Zukunft auf Mode zu konzentrieren, die zu unserer Kernkompetenz werden sollte.

Dazu zählt auch die Abteilung für Brautmode, die wir im Stammhaus zusammenzogen. Im Jahr 1995 eröffneten wir in Ort den Brautsalon „Happy Day". Hier konnten wir eine Riesenauswahl bieten, statt uns in mehreren Filialen zu verzetteln. Obwohl die Konkurrenz inzwischen viel größer geworden ist, zählt unser Brautsalon nach wie vor zu den großen Hochzeitsausstattern des Landes. Pro Jahr kleiden wir über 600 Bräute ein, die aus ganz Österreich und auch aus Bayern zu uns kommen. Den Einkauf macht noch immer meine Frau. Die Festtagskleidung bringt nicht nur verlässliche Umsätze, sondern ist für das Stammhaus auch zu einer tragenden Säule geworden.

Große Auswahl

AUCH DIE FAMILIE WÄCHST – UNSERE VIER KINDER

Karli und Ernst, das erste „Pärchen"

Mehr oder weniger parallel zum Ausbau unseres Geschäfts waren wir in den 1970er-Jahren auch mit der Vergrößerung unserer Familie erfolgreich. Karli, unseren Erstgeborenen, hatte Berti ja sozusagen schon mit ins Haus gebracht. Er kam am 11. Mai 1968 – knapp sechs Monate nach unserer Hochzeit mit der bereits erwähnten kurzen Lieferzeit – zur Welt. Die Freude über den Buben war natürlich groß, wenngleich die Entbindung im Krankenhaus in Ried nicht ohne Komplikationen verlaufen war.

Zu dritt und glücklich

Über das weitere Wachstum der Familie soll Berti berichten. Ich will mich vor dem Thema nicht drücken, schließlich habe ich auch meinen Beitrag geleistet, aber Kinder werden immer noch von Frauen zur Welt gebracht und in erster Linie von der Mutter betreut.

„Nach dem Karli wünschten wir uns bald wieder ein Kind. Denn der Bub sollte nicht zu lange ein Einzelkind bleiben. Ganz so einfach war es dann aber doch nicht. Wir bastelten also sehr gezielt an einem zweiten Kind und hatten schließlich Erfolg: Am 5. August 1970 wurde Ernst im Spital in Schärding geboren. Er war, um es ehrlich zu sagen, unser einziges Wunschkind. Danach folgte eine fünfjährige Pause.

Die Geburt von Ernst ist für mich untrennbar mit den Vorbereitungen für unsere erste Filiale in Obernberg verbunden. Ich war hochschwanger und damit beschäftigt, die Ware unserer Vorgängerin zu übernehmen. Auf einem Tisch im Wohnzimmer türmten sich Kleinlederwaren. Dutzende Geldbörsen, die neu anzuschreiben waren. Nachmittags setzten die Wehen ein, doch ich arbeitete bis sechs Uhr weiter. Dann musste es sehr schnell gehen, wir fuhren ins Krankenhaus, und eine Stunde später war alles vorbei. Wir hatten wieder einen Buben bekommen.

Die beiden Kinder, unser erstes ‚Pärchen‘, haben unseren Alltag nachdrücklich verändert, wobei die Belastung für mich als Mutter ungleich größer war als für meinen Mann. Aber ich war jung und konnte viel leisten. Ich bin mit der Doppelbelastung Familie und Geschäft ganz gut zurechtgekommen. Freilich war das Geschäft damals noch viel kleiner, und bis zur Erweiterung im Jahr 1972 hatten wir mittags noch zwei Stunden geschlossen. In dieser Zeit musste ich kochen. Unsere Verkäuferin Christl Schild wohnte nicht in Ort und aß deshalb auch bei uns. Nach dem Abwaschen – einen Geschirrspüler hatten wir noch nicht – blieb eine halbe Stunde für die Buben. Von zwei bis sechs waren wir wieder im Geschäft. Am Abend beschäftigten wir uns beide ausgiebig mit den Kindern. Rückblickend waren das wohl unsere ruhigsten Jahre.

Beate und Martin, das zweite „Pärchen"

Karli war sieben und Ernst fünf Jahre alt, als am 21. September 1975, einem Sonntag, Beate das Licht der Welt erblickte. Ein Mädchen! Ich

Taufe von Martin

habe es zuerst gar nicht glauben können, ich dachte, es würde sowieso wieder ein Bub. Meine Schwester Trude hat nämlich vier Buben. Als die Hebamme sagte, es sei ein Mädchen, war meine Freude riesengroß!

Schon 15 Monate später kam – am 24. Dezember 1976 – mit Martin wieder ein Bub. Um sieben Uhr früh hatte ich schon die ersten Wehen. Ich weckte die beiden Großen und sagte ihnen: ‚Heute bekommen wir noch ein Christkindl.‘ – ‚Mama, wieso weißt du das denn?‘ – ‚Weil ich's schon spür, dass es herauswill, das Christkindl.‘ Dann ging ich ins Geschäft und bediente gegen Mittag noch eine Kundin. Als die Wehen in immer kürzeren Abständen kamen, sagte ich der Frau, dass mein Kind kommen und ich jemand anders schicken würde. Wie bei den vorigen Geburten brachte mich auch diesmal mein Mann mit dem Auto ins Krankenhaus. Der Primar dort schimpfte: ‚Das nächste Kind kommt wahrscheinlich in Ihrem Geschäft zur Welt!‘

Anfangs war ich über diese Schwangerschaft richtig verzweifelt und weinte mich bei der Schwiegermutter aus. Dieses Kind war nicht geplant. Im Geschäft fragten mich Kundinnen: ‚Frau Mayr, sind S' noch schwanger oder sind S' schon wieder?‘ Wie die Leute halt reden …

Martin und Beate wurden unser ‚zweites Pärchen'. Sie sind beinahe wie Zwillinge aufgewachsen und halten bis heute zusammen.

Die Vornamen der beiden älteren Buben ergaben sich fast von selbst. Der Älteste, Karli, seit der Schulzeit nur mehr Charly genannt, erhielt den Traditionsnamen der Familie – wie sein Vater, Großvater und Urgroßvater. Der zweite Vorname Ernst geht auf meinen Vater, also den Doppelreiter-Großvater, zurück. Unseren zweiten Buben tauften wir auf die Namen Ernst und Martin, weil uns der Name Martin gut gefiel. Der dritte Bub erhielt dieser Logik folgend den Namen Martin und als zweiten Vornamen Markus. Unsere Tochter nannten wir Beate und Maria. Beate klang ähnlich wie Berta, was aber nicht infrage gekommen wäre. Maria war eine Reverenz an die Großmutter.

Nach den Geburten nahm ich mir zwar die nötige Zeit für die Kinder, ging jedoch so bald wie möglich wieder ins Geschäft. Ich wollte es nicht anders. Unser Glück war, dass alle unsere Kinder gesund waren. Deshalb konnten wir uns auch voll und ganz dem Geschäft widmen. Wäre nur eines von ihnen krank gewesen, wäre unsere geschäftliche Expansion nicht möglich gewesen.

Von einem wirklich schweren Schicksalsschlag blieben wir bisher Gott sei Dank verschont. Ein Unglück in der Familie ging letztlich noch gut aus. Betroffen war der fünfjährige Ernst, der sich beim Sturz aus dem anfahrenden Auto einen Schädelbasisbruch zuzog. Der Bub hatte noch am Parkplatz die Autotür geöffnet und war mit dem Kopf auf dem harten Asphalt gelandet. In dieser kritischen Situation betete ich viel, und mein Glaube half mir. Das gilt bis heute und kann auch im Geschäftsleben helfen. Ich habe sogar schon um gute Umsätze gebetet.

Trotz der geschäftlichen Expansion bemühten wir uns, so gut es ging, mit den Kindern zu befassen, meistens abends. Wir spielten Karten und natürlich mit großer Begeisterung Monopoly. Es wurde verkauft, verhandelt, gefeilscht und sehr viel gelacht. Mein Mann ließ die Kinder nicht gewinnen, das war Teil seiner Erziehung. Auch an den Sonntagen unternahmen wir alles Mögliche miteinander.

Dass Wohnung und Geschäft unter einem Dach waren, erwies sich als Vorteil. Die Kinder konnten jederzeit zu uns ins Büro kommen. Oft gingen sie zu Oma und Opa, die gleich neben der Schule ein Haus mit Garten hatten und bei denen sie gut aufgehoben waren. Grundsätzlich sorgten wir dafür, dass sie so wenig wie möglich allein waren. Solange

Unsere Vier

sie klein waren, kam während der Geschäftszeit ein Kindermädchen und spielte mit ihnen. Die Schulaufgaben erledigten sie weitgehend selbstständig, erst abends sah ich mir die Hefte an.

Im Alter von zehn Jahren gaben wir die Kinder ins Internat. Die Buben waren in Ried im Konvikt St. Josef bei den Schulbrüdern. Karli fühlte sich wohl dort und blieb neun Jahre in dem Schülerheim. Ernst hielt es acht Jahre dort aus, Martin nur mehr zwei Jahre. Das Niveau im Konvikt war stetig gesunken. Beate war vier Jahre bei den Schulschwestern in Wels, aber gar nicht glücklich dort. Sie fühlte sich abgeschoben. So wurden die beiden Jüngeren zu Fahrschülern, was zu ihrer Selbstständigkeit beitrug. Alle vier Kinder legten schließlich problemlos die Matura an der Handelsakademie ab.

Grundsätzlich gewährten wir unseren Kindern große Freiheiten und boten ihnen Möglichkeiten, Neues zu lernen. Das Wichtigste, was wir ihnen mitgeben wollten, war Selbstvertrauen. Das dürfte uns gelungen sein."

DIE ERSTE FILIALE WAR EIN FLOP

Nach drei Jahren sperren wir in Obernberg wieder zu

Noch vor dem großen Umbau im Jahr 1970 wurde ich wieder einmal unruhig und wollte etwas verändern, wollte unseren Radius erweitern. So kamen wir zu unserer ersten Filiale im nahegelegenen Obernberg. Das kleine Geschäft mit der Adresse Marktplatz 15 lag im ehemaligen Voglmayer-Haus gleich hinter dem Gurten-Tor. Vor uns war dort ein Geschäft namens „G'schäftl" für Lederwaren wie Taschen, Geldbörsen usw., das einer Frau gehörte, einer richtigen Angeberin. Ihre Ware mussten wir übernehmen, damit die Madame an uns übergeben konnte.

Im September haben wir unsere Filiale eröffnet, wie immer mit viel Werbung, obwohl man uns in Obernberg natürlich kannte, denn Ort ist nur wenige Kilometer entfernt. Von der Eröffnung bis Dezember war die Filiale über Plan, wenn auch nur leicht. Im Jänner, einem schlechten Monat für den Modehandel, brach der Umsatz total ein, und im Februar noch einmal, da verkauften wir fast nichts mehr. Wir blieben geduldig und sperrten erst nach drei Jahren wieder zu.

Bei diesem ersten Versuch zu filialisieren machten wir mehrere Fehler. Der Platz war nicht der beste und die Verkaufsfläche viel zu klein. Wir konnten das Sortiment nicht unterbringen, das Angebot war zu dürftig. Die Verkaufsleiterin Frau Wintersteiger, eine tüchtige Person, stattlich, umgänglich und beliebt, bildete sich ein, jeden Kundenwunsch erfüllen zu müssen. Das war unmöglich. In Wirklichkeit wurde von der Ware, die im Geschäft war, fast nichts verkauft. Stattdessen wurden Einzelteile von Ort nach Obernberg gebracht, da eine lila Bluse, dort eine rote Hose. So konnte das System nicht funktionieren.

Obendrein kam es so weit, dass Kunden uns eine Liste für die Bestellung von Lebensmitteln brachten, und wir lieferten einen Bananenkarton voll nach Obernberg, womöglich mit Sonderangeboten, an denen wir praktisch nichts verdienten. Manchmal holten Kunden ihre Ware tagelang nicht ab und die mitgelieferte Margarine zum Beispiel zerrann. Das waren übertriebene Dienstleistungen, für diesen Wahnsinn haben wir Lehrgeld bezahlt: Wir lernten, dass die Filialisierung so nicht funktionieren konnte. Beim nächsten Mal sollten wir es besser machen.

DER RISKANTE VERZICHT AUF DIE LEBENSMITTEL

Wir verlieren den halben Umsatz

Die Entscheidung, mit den Lebensmitteln aufzuhören, ist uns nicht leicht gefallen. Da war zunächst die enge Bindung an die Firma Gruber in Ried, einen Grossisten, mit dem schon der Großvater Geschäfte gemacht hatte, eine sentimentale Geschichte. Wir waren bei ihnen bestens angeschriebene Stammkunden und hatten wegen unserer hohen Umsätze erstklassige Konditionen.

Ausgelöst wurde unsere Neuausrichtung jedoch durch den Zusammenschluss von fünf Grossisten zur Spar-Gruppe. Diese Gruppe wurde in allen Bereichen – Preise, Angebote, Werbung – immer stärker. Es schaute so aus, dass Einzelhändler, die nicht bei der Spar-Gruppe unterschlupfen konnten, über kurz oder lang weg sein würden. Ich war in Sorge, dass wir diese Konzentration nicht überleben würden. Aktionen mit Kampfpreisen bei Zucker und Bier, wie wir sie oft gemacht haben, oder diverse Sonderangebote würden auf Dauer nicht ausreichen. Im schlimmsten Fall könnten die Lebensmittel für uns sogar zu einer Belastung werden.

Die Nervosität wuchs, als die Spar-Gruppe mit den Rabattmarken anfing. Viele Kunden sprangen auf diesen Zug auf und sammelten voller Begeisterung Marken. Wir konnten nur zuschauen, weil wir dieses System nicht hatten. Der Druck, der von der Gründung der Spar-Gruppe ausging, raubte mir den Schlaf. Daran konnte auch der Zusammenschluss der anderen Grossisten zur IFA, darunter der Gruber, nichts ändern.

Während wir das übrige Sortiment laufend erweiterten, mussten wir die Grundsatzentscheidung treffen: Lebensmittel ja oder nein? Verzichten wir auf die Lebensmittel, verlieren wir schlagartig nicht nur den halben Umsatz, sondern auch massiv an Kundenfrequenz. Wir standen also vor einem Einschnitt, der riskant war. Kann das gutgehen, eine Kramerei auf dem Land ohne Lebensmittel?

In dieser Situation fanden wir 1975 so etwas wie den Stein der Weisen. Heute würde man von einer Win-win-Situation sprechen: Wir

Der Anbau für den Lebensmittelmarkt mit der markanten roten Fassade. Gut zu sehen die beiden Bäche, rechts die Osternach und im Vordergrund die Antiesen

bauten an das bestehende Gebäude einen Lebensmittelmarkt an und vermieteten ihn für null Schilling an die Firma Bruckmayr, einen Großhändler aus Linz. Im Gegenzug durften wir den Bruckmayr Prospekten alle 14 Tage unsere Werbung beilegen. Der Bruckmayr mit seinen Filialen im Inn- und Hausruckviertel streute breiter, als wir das bisher taten. Wir erreichten also mit weniger Aufwand ein größeres Einzugsgebiet, wobei die Verteilung wesentlich teurer war, als wir an Miete von der Firma eingenommen hätten.

Unsere Konkurrenten haben diesen Coup nicht durchschaut. Sie konnten sich nicht erklären, wie der Fussl auf einmal alle zwei Wochen einen Prospekt machen konnte. Andere wiederum streuten das Gerücht, der Fussl sei an den Bruckmayr verkauft worden.

Dank des guten Lebensmittelmarktes vom Bruckmayr unter unserem Dach büßten wir nichts an Frequenz ein. Im Gegenteil, die massive Werbung brachte uns viele neue Kunden. Und was noch wichtiger war:

Schon nach einem Jahr hatten wir den verlorenen Umsatz wieder eingeholt. Das Risiko hatte sich also mehr als ausgezahlt. Für die spätere Entwicklung zum Modehaus und zur Fussl Modestraße war die Konzentration auf Textilien ein entscheidender Schritt.

Bericht über die Eröffnung des Bruckmayr Marktes

DER FUSSL IST PLEITE …

„Du lebst leicht eh noch?"

In den 1950er-Jahren sind die meisten Geschäfte bar abgewickelt worden. Der Großhändler lieferte, und der Vertreter kassierte die Rechnung der Vorwoche. Einen ordentlichen Giroverkehr gab es noch nicht, die Raiffeisenkassen am Land wachten erst langsam auf. Der Leiter der Raika in Ort kam eines Tages zu mir und sagte: „Wennst mir halt das Geld bringerst jeden Tag, wär' mir geholfen." Das habe ich dann auch getan. Ab 3.000 Schilling brachte ich das Geld auf die Kassa. Später begannen wir dann, mit Überweisungen und Schecks zu arbeiten.

Bald kam ich allerdings dahinter, dass der Raika-Chef kein Kunde von uns war, und das ärgerte mich umso mehr, als er auf meine Nachfrage hin gestand, dass er beim Konsum in Ried einkaufe. Dort arbeitete man nach demselben genossenschaftlichen Prinzip, rechtfertigte er sich.

Daraufhin wechselte ich von der Raika in Ort zur Sparkasse in Obernberg. Doch die Geschichte wiederholte sich: Auch der Direktor der Sparkasse kaufte nicht bei uns ein, es gab nicht das kleinste Gegengeschäft. Das ging mir wieder gegen den Strich.

Nach über zehn Jahren reichte mir auch das, und ich wechselte zur Oberbank in Ried. Den ersten Kontakt hatte ich mit einem netten älteren Herrn, der zu mir sagte: „Brauchst nur kommen, das übernehmen wir sofort." Schon am nächsten Tag war alles erledigt. Seither ist die Oberbank unsere Hausbank und betreut uns bestens.

Wiederholt wurde gemunkelt, der Fussl sei pleite. Während einer Zugfahrt nach Linz wurde ich einmal Zeuge eines solchen Gesprächs. Diese Art von Gerüchten speisten sich oft aus dem Neid seitens der Konkurrenz, und irgendwer sorgte dann für die Verbreitung. Dabei ging es immer darum, unseren Ruf und unsere Kreditwürdigkeit zu schädigen.

Als wir 1975 die Lebensmittel aufgaben, um uns ganz und gar auf Textilien zu konzentrieren, hieß es wegen einer Namensverwechslung wieder einmal: „Der Fussl ist pleite." In Windeseile verbreitete sich das Gerücht, das Textilhaus Bruckmayr aus Schärding habe den Fussl übernommen. Richtig war aber, dass der Bruckmayr Großhandel aus Linz unseren Lebensmittelmarkt übernommen hatte.

Einmal wurde mir sogar ein Selbstmord angedichtet. Eine Kundin kam ins Geschäft, sah mich erschrocken an und schrie fast: „Karl, du lebst leicht eh noch? Jetzt haben's erzählt, du hast dich umgebracht, weil du pleite bist …"

OHNE WERBUNG WÄRE ES NICHT GEGANGEN

Wie wir die Konkurrenz abhängten

Dass Werbung notwendig ist, war mir von Anfang an klar. Sonst wäre für unser kleines Geschäft in dem kleinen Dorf kein Wachstum, keine Entwicklung möglich gewesen. Der Standortnachteil war zu groß. Kurz nach dem Ende meines Praktikums 1955 kaufte ich in einem ersten Schritt eine gebrauchte Hektografiermaschine, um kostengünstig Flugblätter vervielfältigen zu können. Die habe ich mit einer Kurbel heruntergedreht, denn die Auflage unserer Werbeblätter war noch klein.

Die ersten Matrizen, die Druckvorlagen, gestaltete ich selbst mit maschinengeschriebenen Texten. Später unterstützte mich mein Freund Max Ranseder, der mit diesem Gerät vertraut und technisch versiert war. Er arbeitete mit verschiedenen Schriften und bastelte mit größeren Buchstaben auffällige Überschriften. Die ersten Flugblätter waren zu textlastig, und auch auf der ersten Werbetafel, die wir nach dem Neubau am Haus montierten, war zu viel Text. Der Hobbymaler Gottfried Schachinger, ein Freund, gestaltete in verschiedenen Farben die Schriften auf dieser Holztafel. Da wurde ein Querschnitt unseres Angebots angepriesen, Textilien, Geschirr usw. Die Schriften waren viel zu klein, ein typischer Anfängerfehler.

Zum Auftakt jede Woche ein Postwurf

Der eigentliche Startschuss für die Werbung erfolgte 1956, als wir beim Landesverlag in Ried die ersten Postwürfe drucken ließen. Wir sind gleich ziemlich massiv hineingefahren und haben in diesen Jahren wie verrückt geworben. Die Konkurrenten wussten damals noch gar nicht, wie das geht. Die einen erklärten uns für verrückt, die anderen haben es uns nachgemacht.

Da wir fast jede Woche einen Postwurf verschickten, ging ich im Landesverlag praktisch ein und aus. Eines Tages standen da zwei Schachteln mit Prospekten der Konkurrenz. Ich nahm mir je ein Blatt und erteilte für uns sofort einen Druckauftrag mit fast allen Artikeln, die da von der Konkurrenz beworben wurden, mit dem Unterschied, dass wir erheblich billiger waren. Das haben wir noch öfter so gemacht, zum Beispiel mit Sonderangeboten von Thea oder Rama. Unser Preis war unschlagbar. Dieser Konkurrenzkampf war wirklich lustig, ich habe nichts Böses getan, sondern war nur zur richtigen Zeit am richtigen Ort.

Mein Vater gestaltete über längere Zeit hinweg in schöner Schrift mit Tusche große Plakate. Er schrieb mit Holzfedern, zugeschnitzt aus einem Span. Einige seiner Plakate waren so groß wie Fenster. Auch kleine Preiszettel fertigte er an.

Ungefähr zeitgleich mit der großen Erweiterung und der Eröffnung des „Ersten Innviertler Selbstbedienungswarenhauses" forcierten wir Anfang der 1970er-Jahre unseren Außenauftritt. Im Innviertel und bis ins Hausruckviertel hinein haben wir an gut sichtbaren Standorten Dutzende Werbetafeln angebracht, vor allem auf Stadelwänden. Die meisten Tafeln waren aus Holz, 1,7 mal 2,4 Meter groß. Zuerst nur mit dem Text „FUSSL ORT", später mit dem Slogan „FUSSL ORT – MODE SPORT". Auch mit dieser Art der Außenwerbung waren wir der Konkurrenz voraus.

Werbetafel in Lambrechten

Da die Standortsuche Chefsache war, fuhr ich selber über Land. Sobald ich einen für die Werbetafel passenden Stadel gefunden hatte, fragte ich den Bauern, dem er gehörte, ob wir eine Fussl-Tafel anschlagen dürften. Am Anfang willigten die meisten ein, ohne etwas dafür zu verlangen. Einige waren sogar stolz darauf. Heute verlangen sie dafür hübsche Summen ... Sobald wir die Zusage bekommen hatten, kamen unsere Monteure und brachten die Tafeln an, manchmal in schwindelerregender Höhe – ein nicht ungefährlicher Einsatz. Einmal hat ein Bauer trotz Einverständnis seinen Hund auf die Monteure gehetzt. Ich war damals dabei. Jedes Mal, wenn ich dort vorbeifahre, denke ich auch an diesen Vorfall.

Wirklich ärgerlich war der Streit um eine Werbetafel in Mitterding, wo sich die Bundesstraßen teilen. Eine Straße führt nach Obernberg und weiter nach Braunau, die andere über Ort nach Ried. Diese aus Richtung Schärding kommend sehr gut sichtbare Tafel hat die Behörde abgelehnt, weil sie die Autofahrer ablenke. Die finden immer irgendwas auszusetzen. Wenn der eine Paragraf nicht anwendbar ist, nehmen sie einen anderen, und zum Schluss kommen sie mit dem Landschaftsschutz daher. Die Werbetafel passe nicht in die Gegend, sie falle zu sehr auf. Aber genau das ist ja der Sinn und Zweck ...

Die Behörde brachte mich fast ins Gefängnis

Ein langjähriger Konflikt entwickelte sich um Werbeaktionen auf einem unserer Grundstücke an der Bundesstraße, kurz vor der Abzweigung nach Ort. Um ein Haar wäre ich dafür ins Gefängnis gegangen. Auch die „Oberösterreichischen Nachrichten" berichteten am 24. Oktober 1994 ausführlich über den Fall: „Im Dauerstreit mit der Bezirkshauptmannschaft Ried um eine Werbefläche will sich der Textilkaufmann Karl Mayr lieber einsperren lassen, als 1000 Schilling Strafe zu zahlen – aber die BH lässt ihn nicht ins Gefängnis."

Anlass für den Streit war ein Anhänger mit Werbeaufschrift, den wir auf eigenem Grund und Boden neben der Bundesstraße abgestellt hatten. Das Fahrzeug störe das Landschaftsbild, befand die BH. Vollends grotesk wurde die Affäre durch ein amtliches Versehen. Sie hatten mir eine „Aufforderung zum Antritt der Ersatzfreiheitsstrafe"

Dauerstreit um eine Werbeaufschrift auf einem Anhänger

zugestellt, ohne zuvor einen Pfändungsversuch unternommen zu haben.

Ins Gefängnis kam ich zwar nicht, doch der Streit ging weiter. Diesmal ging es um eine zehn Meter lange Werbetafel in Form eine Pfeiles, die auf die Zufahrt zu unserem Stammhaus hinweisen sollte. Wir stellten sie wieder auf unserem Grund gleich neben der Straße auf. Nach dem Einspruch der Behörden gegen den Standort entwickelte sich ein heftiger Briefwechsel bis hin zum Landeshauptmann. Letztlich haben wir verloren und die Tafel 100 Meter von der Straße wegrücken müssen.

Auch unser Plakatieren war den Behörden ein Dorn im Auge. Sportvereinen, Feuerwehren und sonstigen Organisationen war dies erlaubt, Firmen dagegen nicht. Zugegebenermaßen haben wir sehr viel und auch wild plakatiert, Bruno und ich. Ganze Alleen haben wir in Fussl-Straßen verwandelt, an jedem Baum hing unser Plakat. Wir hatten keine Genehmigung dafür, hatten aber auch gar nicht danach gefragt. Man hätte uns sowieso keine erteilt. Heute würde ich das so nicht mehr machen, sondern offiziell genehmigte Plakatständer verwenden.

Auch Eröffnungen oder größere Umbauten haben wir immer groß beworben. Wir wollten mit unseren Kunden zusammen feiern und warben mit Sonderangeboten, Gewinnspielen usw. Meistens hat das toll funktioniert. Die Leute haben sich vor dem Eingang gedrängt und auf das Aufsperren gewartet. Manchmal gingen Eröffnungen jedoch auch daneben. Einmal blieben wir bis zehn Uhr fast allein, es war einfach niemand gekommen. In so einem Fall hatte die Werbung versagt. Einmal wurde ein Postwurf in einem Gebiet gestreut, wo uns kein Mensch kannte. Im ersten Moment war der Ärger groß, aber bald lachten wir nur noch darüber.

Rückblickend kann ich durchaus selbstbewusst sagen, dass ich in unserer Branche bezüglich Werbung ein Pionier war. Das nehme ich für mich in Anspruch. Viele Kaufleute überrissen nicht, wie das geht und was alles geht. Mit anfangs einfachen Mitteln haben wir unseren Bekanntheitsgrad erhöht und damit die Grundlage für die Bildung der Marke Fussl gelegt.

VON „FUßL" ZU FUSSL ZUR FUSSL MODESTRASSE

Die Entwicklung der Marke

Wenn Fachmedien über uns schreiben, erwähnen sie oft mehr oder weniger erstaunt, wie Fussl mit diesem Namen zu einer so großen Modekette aufsteigen konnte. Ein schöner Name ist Fussl ja wirklich nicht, schon gar nicht in der Modebranche. Die einen denken dabei an Fusel, also an billigen Schnaps, andere an Fussel, kleine Fäden, die auf der Kleidung hängenbleiben.

Dabei ist es ziemlich einfach: Fußl – so die alte Schreibweise mit scharfem ß – ist der Familienname, überliefert seit der Gründung der Kramerei 1871, über den Urgroßvater Felix Fußl und den Großvater Karl Fußl bis zur Mama, einer geborenen Fußl. Durch ihre Heirat mit dem Papa, dem Oberlehrer Karl Mayr, sind wir zum Namen Mayr gekommen. Aber der Firmenname ist bis heute Fußl. Er hatte nicht zuletzt durch den hochangesehenen Opa weitum einen guten Ruf.

Als ich in den 1950er-Jahren in die Firma einstieg, war nie die Rede davon, Fußl in Mayr umzutaufen. Der Name „Mayr" wäre für ein Geschäft auch nicht brauchbar, denn jeder Zweite heißt so, mit x verschiedenen Schreibweisen. Darüber hinaus gab es in Ried das gut eingeführte Modehaus Mayer, auch insofern wäre die Verwechslungsgefahr groß gewesen. Also blieben wir beim Namen Fußl, wobei wir aus werbetechnischen Gründen die Schreibweise bald auf Fussl mit Doppel-s umstellten. Im Firmenarchiv finden sich noch alte Prospekte mit der Schreibung Fußl. Auch später kam eine Umbenennung der Firma nicht infrage. Wir konnten vom Logo FUSSL, mittlerweile in Großbuchstaben, nicht mehr weggehen, denn im Verhältnis zur Größe des Betriebes hatten wir schon sehr viel Geld in die Werbung gesteckt. Deshalb haben wir den Namen bis heute behalten.

In der Folge kamen wir sogar zu einer Fusslstraße, freilich nicht legal. Es ergab sich, als Berti – jahrelang für den Dameneinkauf zuständig – auf einer der Messen nach ihrer Firmenadresse gefragt wurde. „Firma Fussl, Ort im Innkreis." „Ja und welche Straße?" „Gibt es nicht, nur die

Am Fusslplatz vor dem Stammhaus

Hausnummer 32." Geschäftspartner, die uns noch nicht kannten, reagierten irritiert. „Das nächste Mal gib einfach Fusslstraße an", schlug ich vor, „Fusslstraße 32, und die G'schicht ist fertig." Sie griff meinen Vorschlag auf und gab seitdem diese Adresse an. Das machte großen Eindruck: „Sie haben sogar eine eigene Straße?" Wir verwendeten diese Adresse über 15 Jahre, selbst auf dem Firmenpapier. Niemand nahm je Anstoß daran. Ich weiß nicht einmal, ob die Aneignung eines Straßennamens überhaupt strafbar ist. Jedenfalls kam unser Dorf, in dem es nur Hausnummern gibt, auf diese Weise zu einer Straße.

Seit 2006 gibt es nun auch einen Fusslplatz, und der ist amtlich. Es war ein Geschenk der Gemeinde zu meinem 70. Geburtstag. Fusslplatz 26–32 ist seither die Adresse für die Fussl-Zentrale. Und wie es sich gehört, wurde unser Platz mittlerweile in die Navigationssysteme eingetragen.

Die FUSSL Modestraße entstand spontan

Das ovale FUSSL-Logo mit den wuchtigen Buchstaben in Weiß auf rotem Grund haben wir in den 1980er-Jahren entwickelt. Es ist durchaus markant und war für unseren Kernmarkt Oberösterreich gut geeignet. Hier waren wir bekannt, die Leute haben gewusst, was sie bei uns kaufen können, nämlich Mode. Für die weitere Expansion hatte das Logo jedoch ein Manko. Nicht nur der Name Fussl war zu wenig bekannt, sondern es fehlte auch jeder Hinweis auf unsere Tätigkeit. „Fussl, wer ist das und was treiben die? Ein Baumarkt, eine Eisenhandlung?" Würde Mode dabeistehen, wäre die Sache klar.

1989 nahm der Meißl, unser stärkster Konkurrent in Ried, einen großen Umbau vor. Dem mussten wir etwas entgegensetzen.

Im Eingang unseres Geschäftes brachten unsere Deko-Leute an der Decke einen Sternenhimmel an, in dem unzählige kleine Lichter funkelten: die Fussl-Straße als „Modestraße", die in den Himmel führte. Berti hatte die spontane Idee, ein Schild in Blau mit der Aufschrift „Modestraße" in diesen Himmel zu hängen. Damit war die Modestraße aus der Taufe gehoben …

Bis dahin hatten wir mit dem Slogan „Fussl – das Haus der guten Fachgeschäfte" gearbeitet. Die jeweiligen Abteilungen hießen „Mode-Arkade", „Men's Club", „Young-Shop" usw., die man unmöglich einzeln bewerben konnte. Deshalb verzichteten wir nun auf diese Vielzahl an Bezeichnungen und verwendeten nur mehr den Überbegriff „Modestraße". Das rot-weiße Fussl-Logo wurde mit dem blauen Schild „Modestraße" unterlegt. Jetzt hatten wir endlich das passende Logo, prägnant und unverwechselbar: „FUSSL Modestraße".

Form und Farben des Logos und den Begriff „Modestraße" ließen wir schützen. Das war auch gut so, denn ein Kaufmann in Windischgarsten kopierte es. Nach einem Brief von mir steckte er sofort zurück.

Der Fussl-Turm an der Westautobahn

In den Aufbau dieser Marke ist im Lauf der Jahre sehr viel Geld geflossen. Aber ohne konsequente Bewerbung geht so etwas nicht. Eine Marke muss man laufend pflegen, das Penetrieren des Marktes ist ein ständiger Prozess. Unser Sohn Ernst, zuständig für Marketing und Werbung, setzt dies heute mit derselben Konsequenz fort. Er ist medial exzellent vernetzt, mit den Printmedien, dem ORF und den privaten TV-Sendern. Im Jahr 2009 erzielten wir mit einer Fernsehwerbung den endgültigen Durchbruch, der uns schlagartig in ganz Österreich bekannt machte: In Werbepausen der ORF-Tanzshow „Dancing Stars" erschien der Slogan „FUSSL Modestraße – Gönn' dir was Schönes".

Ich frage mich oft, was der Großvater dazu sagen würde. Ich glaube, er wäre stolz darauf, was aus dem Fußl geworden ist.

Das weithin sichtbarste Fussl-Logo ragt in Traun bei Linz gen Himmel. Direkt neben der Westautobahn – auf einem der österreichweit am meist befahrenen Abschnitte – steht seit 2001 der 26 Meter hohe Fussl-Turm mit dem riesigen Logo an der Spitze. In der Nacht wirkt die 10 mal 4,50 Meter große Werbefläche auf uns wie ein Leuchtturm, wie ein Signal unserer Stärke: Da sind wir, der Fussl!

Mit Werbung produzieren wir einen Kaufanreiz, wir locken die Kunden damit in unsere Geschäfte. Doch viel wichtiger ist, dass sie zufrieden wieder hinausgehen, glücklich über ein modisches Kleidungsstück aus unserer Kollektion, und dass sie wiederkommen.

DER EINSAME REBELL AUS DEM INNVIERTEL

Der Kampf um offene Geschäfte am 8. Dezember

Bis in die 1960er-Jahre hinein waren der Silberne am dritten Advent und der Goldene Sonntag am vierten wichtige Einkaufstage. Diese Tradition wurde vom Gesetzgeber zugunsten der vier ganztägig verkaufsoffenen Samstage im Advent abgeschafft.

Eine Sache lag mir aber schwer im Magen: Am 8. Dezember, Mariä Empfängnis, in Österreich auch ein staatlicher Feiertag, durften wir nicht aufsperren. Im benachbarten Bayern dagegen waren die Geschäfte offen, dort war ja kein Feiertag. Für uns in Grenznähe war das eine Katastrophe. Wir konnten beim Kaufkraftabfluss von etwa 300 Millionen Schilling – inflationsbereinigt 60 Millionen Euro – allein aus Oberösterreich[41] nur hilflos zuschauen. Einmal bin ich nach Suben zum Autobahngrenzübergang gefahren und habe mich darüber gegiftet, wie tausende Österreicher in langen Kolonnen zum Einkaufen nach Bayern fuhren. Mir blutete das Herz, anders kann ich es nicht formulieren. Im Jahr darauf, es muss 1978 gewesen sein, haben wir einfach aufgesperrt, aus Notwehr gegen die bayerische Konkurrenz. Es ging mir nicht zuletzt auch um Chancengleichheit. Kurz vorher hatte ich Landeshauptmann Josef Ratzenböck unsere spezielle Situation in einem Brief erläutert. Nichtsdestotrotz handelten wir uns eine amtliche Verwarnung ein.

Doch im Geschäft in Ort – wir hatten noch keine Filialen – machten wir an diesem 8. Dezember den mit Abstand höchsten Tagesumsatz, nämlich 800.000 Schilling (inflationsbereinigt 160.000 Euro). Die Käthe, unsere treue Verkäuferin, hat diese große Summe mit einer einzigen Kassa kassiert. Obwohl sie den ganzen Tag fast keine Pause hatte, strahlte sie: Die Kassa stimmte genau! Käthe ist heute 94 Jahre alt, und sie erzählt noch immer gerne von diesem Tag. Wir waren alle erschöpft, aber hochzufrieden.

So ging es ein paar Jahre weiter, und der 8. Dezember blieb umsatzstärkster Tag des Jahres. Anfang der 1980er-Jahre wurde auf Druck der

Gewerkschaft der Einsatz der Angestellten an diesem Feiertag unterbunden. Zuerst hielten wir uns nicht daran, die Mitarbeiter wollten ja auch arbeiten und Geld verdienen. Später setzten wir nur mehr die Leute ein, die mit dem Haus besonders eng verbunden waren. Alle machten das freiwillig. Wir wollten keine behördliche Strafe riskieren. Sobald ein Arbeitsinspektor im Geschäft auftauchte, lenkte einer von uns ihn ab und die Angestellten verschwanden, wie ausgemacht, irgendwohin. Das hat immer gut geklappt, eine Art Katz- und Mausspiel. Die Arbeitsinspektoren hatten keine Chance, denn wir enttarnten sie, bevor sie sich wichtigmachen konnten.

Die Hauptarbeit am 8. Dezember leisteten inzwischen Familienmitglieder, Verwandte, Freunde oder Geschäftspartner, ein bunt zusammengewürfeltes Team aus Laienverkäufern. Wolfgang, Renate und Bruno reisten aus Wien an und brachten Freunde mit. Berti lud Verwandte aus Niederösterreich zur Mitarbeit ein. Vertreter, die mit uns gut im Geschäft waren, halfen mit und stellten sich natürlich dorthin, wo ihre Ware angeboten wurde. Einer von ihnen ist den ganzen Tag wie ein Schneider mit einem Maßband herumgerannt. Es war eine Mordsgaudi. Auch die Kunden spürten das, und für sie war es ein Shoppingerlebnis der besonderen Art.

Der Kampf um den offenen 8. Dezember brachte mir auch die ersten Fernsehauftritte ein. Der ORF kam mehrmals zu uns, weil ich im Innviertel quasi der Rädelsführer für die Ladenöffnung war. Die Berichte gestaltete immer Kurt Rammerstorfer, damals am Anfang einer steilen Karriere und seit 2012 ORF-Landesdirektor für Oberösterreich. Ich nutzte diese Interviews, um für mein Anliegen und gleichzeitig für Fussl zu werben.

Die österreichweit stärkste Aktion setzte 1984 der damalige Salzburger Landeshauptmann Wilfried Haslauer. Aus Sorge um den Kaufkraftabfluss vor allem nach Freilassing genehmigte er auf Drängen der Wirtschaft und gegen eine Weisung des Sozialministers die Öffnung der Geschäfte. Im Jahr darauf wurde er vom Verfassungsgerichtshof wegen einer „geringfügigen Rechtsverletzung" schuldig gesprochen. Sogar eine Amtsenthebung war im Raum gestanden.

In Oberösterreich verfügte 1986 Landeshauptmann Ratzenböck, dass die Geschäfte in den Grenzbezirken teilweise geöffnet sein durften. Allerdings durften wir weiterhin keine Angestellten beschäftigen:

ein Kniefall vor der seltsamen Koalition aus Arbeiterkammer und Kirche. Ich protestierte, auch im Namen der Mitarbeiter, umgehend gegen diese Regelung, die uns weiter benachteiligte. Erwartungsgemäß traten auch die Bischöfe gegen offene Geschäfte am Marienfeiertag auf. Berti klärte den Linzer Bischof Maximilian Aichern in einem Brief darüber auf, dass der Kirchgang und die Öffnung der Geschäfte vereinbar seien. Sie sei an jedem 8. Dezember um sieben Uhr in die Messe gegangen, erst um zehn Uhr hätten wir aufgesperrt. Außerdem fragte sie den Bischof, ob die Bayern denn schlechtere Katholiken wären, weil dort der 8. Dezember kein Feiertag sei. Der Kirche ging es nur darum, keinen Feiertag anzutasten.

Nach ewigem Hin und Her gab es 1995 endlich eine klare Regel: Wir dürfen die Geschäfte öffnen und die Angestellten dürfen arbeiten, auf freiwilliger Basis und mit hohen Zuschlägen. Inzwischen ist dieser Tag für den Umsatz nicht mehr so relevant. Bei viel höheren Kosten erzielen wir nicht mehr als an den Adventsamstagen.

Kampf gegen die Bürokratie

Jahrzehnte lang habe ich mich – oft als Einzelkämpfer – gegen die überbordende Bürokratie gewehrt. In Briefen an Landeshauptleute und Landesräte, Bezirkshauptmänner und Kammerpräsidenten beschwerte ich mich über die Vielzahl an Vorschriften und Schikanen einzelner Behörden. Diese Korrespondenz füllt zwei dicke Ordner, einer davon beschriftet mit „BH-Terror". Ich habe nicht nur geschäftlich, sondern fast körperlich darunter gelitten, wie oft der Amtsschimmel gegen uns angeritten ist. Wir sind wegen lächerlicher Kleinigkeiten sekkiert worden, egal, worum es ging. Die Politiker zeigten meistens Verständnis für unsere bürokratische Belastung und versprachen Abhilfe. Aber leider ist in dieser Hinsicht fast nichts passiert.

Ich kämpfte wie mit einem Luftdruckgewehr gegen Atombomben. Unser Unternehmen wurde von 28 verschiedenen Behörden geprüft, „vom Eichamt bis zur Finanz", berichtete die „Oberösterreichische Rundschau" am 15. Dezember 1994 über ein Gespräch mit Wirtschaftslandesrat Christoph Leitl. Leitl, seit 2000 Präsident der Wirtschaftskammer Österreich, beklagt diesen Zustand zwar regelmäßig, doch

Vorsprache bei Landesrat
Christoph Leitl

Nummer 50 / 15. Dezember 1994 **WIRTSCHAFT**

28 Ämter prüfen einen einzigen Betrieb

Karl Mayr im Kampf gegen Paragrafen

„BH-Terror" steht auf dem dick gefüllten Aktenordner, den der Beschwerdeführer im Büro von Landesrat Christoph Leitl vorlegt. BH steht für Bezirkshauptmannschaft. „Die Juristen sekkieren dich wegen Lächerlichkeiten", ärgert sich Karl Mayr aus Ort i. I.

Der Unternehmer hat eine kleine Dorfkrämerei zur Kaufhauskette Fußl mit elf Häusern in OÖ. und Salzburg (230 Mitarbeiter, 300 Mio. S Umsatz) aufgebaut. „Trotz aller bürokratischen Hemmnisse", mit denen er

sich nun seit 40 Jahren herumschlagen muß. Mit zwei Verfahren wegen ungenehmigter Werbeflächen hängt er beim Höchstgericht.

„Ich kämpfe wie mit einem Luftdruckgewehr gegen Atombomben. Von 28 verschiedenen Behörden wird mein Unternehmen geprüft, das geht vom Eichamt bis zur Finanz", sieht sich Mayr umzingelt. Landesrat Leitl gesteht ein: „Wir haben zuviel Bürokratie, das bestätigen alle Umfragen. Ein Gesetz habe ich aber schon abgeschafft."

Behörden sollen moderne Dienstleistungsunternehmen sein: Karl Mayr (Mitte) bei einem Lokalaugenschein im Wirtschaftsreferat des Landes. Foto: Land/Grübergez

Besserungen muss man mit der Lupe suchen. Dabei richtet sich mein Groll nicht gegen einzelne Beamte, sondern gegen das verkrustete System. Das Land scheint nicht reformierbar, noch geht es uns zu gut.

Angesichts dieser Entwicklung muss ich eingestehen, dass mein Kampf gegen die „Bürokratur", wie ich diese „Diktatur der Bürokraten" wiederholt genannt habe, nicht zu gewinnen war.

DER SPRUNG NACH RIED

Ein fulminanter Einstieg

Ried ist *die* Handels- und Einkaufsstadt im Herzen des Innviertels. Wir sind mit der Stadt seit Generationen geschäftlich verbunden. Auch ich musste oft nach Ried fahren, um Tabak und Stempelmarken zu fassen, sie wurden uns nicht geliefert. Grossisten gab es Ende der 1970er-Jahre nicht mehr in Ried. Wann immer mir Orter oder andere Leute in Ried über den Weg liefen, die dort einkauften oder gar Taschen von Rieder Geschäften in der Hand hatten, habe ich mich furchtbar geärgert.

In einer solchen Stimmung kam 1980 Direktor Hugo Moserbauer vom Landesverlag zu mir und bot mir das Druckereigebäude in der Wohlmayrgasse zum Kauf an. Der Landesverlag baute am Stadtrand eine neue Druckerei. Moserbauer schätzte uns als Kunden, denn wir ließen alle Postwürfe und Prospekte bei ihm drucken.

Nach dem Ausbau in Ort lief unser Geschäft hervorragend, und auch privat ging es uns gut. Wir hätten uns mit dem, was wir erreicht hatten, zufriedengeben können. Aber die große Chance, in Ried Fuß zu fassen, reizte uns sehr. Schließlich entschieden wir rasch und kauften das Haus um vier Millionen Schilling (700.000 Euro inflationsbereinigt bis 2016). Für den Umbau kalkulierten wir zwölf Millionen, 14 Millionen (2,5 Millionen Euro) sind es geworden. Letztlich brachten wir 600 Quadratmeter Verkaufsfläche zusammen, im Erdgeschoss und im ersten Stock.

Wir mussten uns erneut in Schulden stürzen, aber die Oberbank, unsere Hausbank, finanzierte das Projekt problemlos. Freilich haben wir voll gehaftet, bis zur Bettstatt. Das würde heute wohl niemand mehr riskieren. Trotz guten Geschäftsgangs war das Risiko hoch.

Auch der Standort für unser Geschäft war zu dieser Zeit nicht optimal, es war nicht das unmittelbare Zentrum von Ried. Das Leben spielte sich am Hauptplatz, am Stelzhamerplatz und auch am Roßmarkt ab. Heute ist diese Lage von Vorteil, weil es bei uns leichter ist, einen Parkplatz zu finden.

Die Eröffnung im Herbst 1981 wurde ein Bombenfest. Alles, was Rang und Namen hatte, war da: Die Prominenz der Stadt und des Bezir-

Unser Haus in Ried 1981 nach der ersten Bauphase

kes, Bürgermeister, Stadträte, Vertreter der Behörden, Geschäftspartner,
Lieferanten, Handwerker usw. Wir
ließen das Haus einweihen, dafür
vorgesehen war zunächst der katho-
lische Pfarrer. Doch unser Nachbar,
ein altkatholischer Priester, ebenfalls
geladener Gast, wünschte die Anwesenheit auch eines evangelischen
Pastors. So kamen wir zu einem dreifachen ökumenischen Segen.

Bei dieser Eröffnung waren auch
die Eltern noch dabei. Sie waren sehr
stolz, aber auch sehr besorgt. „Wird
das gutgehen? Habt ihr euch nicht
übernommen?"

Die Eröffnung war ein Riesenerfolg

Die Kunden haben uns überrannt

Am Tag nach dem Fest sperrten wir auf. Ich war so nervös wie selten zuvor und habe sogar gezittert. Es wäre nicht notwendig gewesen, denn die Leute überrannten uns. Sie waren neugierig. „Die Kassen sind übergegangen. Ich hab beim Ausgang das Geld nur mehr in ein Sackerl kassiert", schwärmte Berti noch Jahrzehnte später. Zum Erfolg trug auch unser erster Filialleiter bei, der Wetscher Sepp aus St. Martin. Als ehemaliger Fußballer, der auch beim Lask gespielt hatte, war er weitum bekannt und brachte viele Freunde und Bekannte mit, einflussreiche Leute.

Den Einstieg in Ried hatten wir werblich massiv begleitet. Höhepunkt der Kampagne war der Auftritt von Hubert Neuper, dem Skispringer, der nach dem zweifachen Sieg bei der Vierschanzen-Tournee einer der populärsten Sportler war, ein Superstar. Wir engagierten ihn kurz nach der Eröffnung. Er war natürlich nicht ganz billig, aber es hat sich ausgezahlt. Seine Fans haben das Geschäft gestürmt, sie waren außer Rand und Band. Die jungen Dirndln haben gekreischt und ihn halb ausgezogen. Alle wollten Autogramme, das Gedränge war fast gefährlich und die breite Stiege in den ersten Stock hinauf bummvoll.

Hubert Neuper (rechts) zog die Massen an. Links Otto Leodolter, der bei den Olympischen Spielen in Squaw Valley Bronze holte und damals die Rieder Mercedes-Werkstätte leitete

Berti befürchtete ein Unglück und erzählt später:

„Ich dachte, jetzt drücken sie uns das Stiegengeländer mit den schweren Glasplatten ein, und dann ist alles vorbei. Da sag' ich zum Neuper, wir müssen uns was einfallen lassen. Passen S' auf, jetzt hören Sie zum Autogrammschreiben auf, wir müssen irgendwie hinauskommen vor die Tür. Die Leute sind uns nachgestürmt. Beim Ausgang hatten wir eine selbstöffnende Tür. Ich hatte Angst, dass alles kaputtgeht, es war ein Wahnsinn. Dann haben wir die Straße vor dem Haus abgesperrt und der Neuper hat dort Autogramme gegeben. Nach knapp zwei Stunden haben wir gesagt, jetzt ins Auto bitte. Wir fahren nach Ort, dort warten auch schon Hunderte Leute."

Das Echo war gewaltig, die Zeitungen berichteten ausführlich über diesen Auftritt. Der Fussl und das neue Geschäft in Ried waren Tagesgespräch. Ried funktionierte vom ersten Tag an. Geplant hatten wir einen Jahresumsatz von 14 Millionen Schilling, schon im ersten Jahr lagen wir mit 21 Millionen weit über Plan. Wichtig war, dass das Stammhaus in Ort keinen Umsatz verlor, sondern weiterhin gut ging.

Mit doppelter Verkaufsfläche das größte Textilhaus in Ried

Nach dem fulminanten Einstieg wurde uns von der Firma Wintersteiger 1982 überraschend das Nachbargrundstück angeboten. Die hatten dort in einem einstöckigen Lager alte Maschinen untergebracht, auch ein großer Obstgarten gehörte dazu. Wir zögerten und ließen die Sache ein halbes Jahr ruhen, bis das Objekt in der Zeitung zum Verkauf angeboten wurde. Wir mussten uns etwas einfallen lassen, sonst war das Grundstück weg und wir konnten nicht erweitern.

Allein die Finanzierung bereitete uns schlaflose Nächte, denn wir hatten noch Schulden vom ersten Bau. Da machte uns die Oberbank auf eine neue Finanzierungsform aufmerksam. Man konnte einen Leasing-Vertrag mit monatlicher Ratenzahlung auf 17 Jahre abschließen, danach gehörte einem das Geschäft. Und genauso machten wir es. Es war eine einmalige Chance, sonst hätte es rundherum keine Ausbaumöglichkeit mehr gegeben.

Mit einem Schlag konnten wir die Verkaufsfläche praktisch verdoppeln. Wir sparten nicht bei der Ausstattung, sondern ließen eine weitere großzügige Stiege einbauen, dazu schöne Deko-Elemente, zum Beispiel ein Wasserbecken mit Goldfischen. Das war schon was Besonderes. Die Kunden sollten sich in unserem Haus wohlfühlen. Für die damalige Zeit war es ein Supergeschäft. Über 30 Jahre später ist das Rieder Haus zum Teil niedergerissen, komplett erneuert und umgebaut worden. Es ist das stolze Fussl-Flaggschiff, heute nennt man es das „Flagship-Store".

Bei der Eröffnung des großen Hauses im Oktober 1983 war der Rummel nicht mehr so wild, obwohl wir wieder massiv geworben hatten. Wir waren nicht mehr neu in Ried. Neu war aber unsere Sportabteilung mit einem kompletten Angebot, Skier, Tennisschläger, Fahrräder, ein breites Sortiment wie in Ort. Große Sporthäuser hat es damals noch kaum gegeben, nur den Eybl in Wels. Wir waren eine Art inoffizielles Mitglied bei Intersport, wie ein Stiefkind. Offiziell haben sie uns nicht aufgenommen, weil es in Ried bereits einen kleinen Intersportler gab.

Eine Zeit lang sponserten wir auch einen Radrennfahrer, den Alois Sinzinger, mehrfacher Jugendstaatsmeister am Berg, ein Muskelpaket. Später arbeitete er als angestellter Berater in unserer Sportabteilung.

Das Fussl-Kapperl ist immer im Reisegepäck. In Venedig, neben mir Schwägerin Renate

Bei regionalen Rennen ging einige Saisonen lang sogar ein Fussl-Team an den Start. Das ist deshalb so interessant, weil in den Fernsehberichten darüber zum ersten Mal das Fussl-Logo aufgetaucht ist, nämlich auf den Kapperln der Radrennfahrer. Von da an habe ich in der Freizeit, im Urlaub und auf Reisen immer ein solches Kapperl aufgesetzt.

Nach der Erweiterung war der Fussl das mit Abstand größte Textilhaus in Ried. Wir waren nicht mehr der Landkramer aus Ort, sondern das erste Haus am Platz. Dennoch wurden wir von den Rieder Konkurrenten noch immer belächelt und verspottet. Besonders übel verhielt sich der Chef des Kleiderhauses Mayer am Stelzhamerplatz, damals das führende Haus für Konfektion. Der Mann tauchte eines Tages persönlich auf der Baustelle auf und stänkerte: „Was wollt's denn da, es Landkramer? Werd's eh ka G'schäft machen!" Den Mayer gibt's übrigens schon lang nicht mehr, genauso wie viele andere Traditionsfirmen mit besten alten Adressen. Zuletzt musste das Modehaus Meißl zusperren. Die Rieder Konkurrenten haben jedenfalls bald bemerkt, woher der Wind bläst, und sie haben uns wohl oder übel respektiert.

Zur Vorbereitung der Expansion bauen wir das Stammhaus aus

Nach dem hervorragenden Start in Ried hätten wir uns 1984 eigentlich ausruhen können. Die Geschäfte gingen ausgezeichnet, auch im Stammhaus. Wir hatten unseren Umsatz mehr als verdoppelt. Ich hatte im Hinterkopf aber schon mit weiteren Filialen spekuliert. Wenn wir weiter expandieren wollten, war es aber auch an der Zeit, die Struktur der Zentrale in Ort zu stärken. Das bedeutete, wir mussten neuerlich bauen.

Die Regulierung der Osternach war inzwischen abgeschlossen. Der Bach floss nicht mehr an unserem Haus vorbei, sondern war in ein neues Bett umgeleitet worden, das auch durch unsere Wiesen führte. Wir profitierten aber davon, denn als Ersatz bekamen wir die Flächen vor unserer Haustür und bis zum benachbarten Ederhaus, das bereits in unserem Besitz war: ein großer und idealer Bauplatz.

Nur die einstige Idylle, die Fussl-Brücke über die Osternach, die mit Weiden bestandenen Ufer bis zur Mündung in die Antiesen, unser

Die Fussl-Brücke über die Osternach. Der Bach ist schon umgebettet

Spielgelände von früher, aus der Zeit des alten Fußl …, all das war der Regulierung zum Opfer gefallen. Der Ziergarten hatte vorher bereits einem Parkplatz weichen müssen.

Auf dieser großen Fläche, die auch über das frühere Bachbett reichte, errichteten wir ein langgestrecktes Gebäude, die Fassade durch Bögen aus Leimbindern gegliedert. Auch der Eingangsbereich wurde neu gestaltet. In dem Zubau fand die vergrößerte Sportabteilung ebenso Platz wie die noch bescheidene Warenwirtschaft.

Es war die Urzelle unserer Logistik, die im Jahr 2000 nach der raschen Expansion in eine große Halle gegenüber dem Haupthaus übersiedelte: 3400 Quadratmeter auf zwei Ebenen. Nach zehn Jahren war es notwendig, die Fläche zu verdoppeln. Heute liefert eine Flotte aus 15 Lkws, bunt bemalt mit dem Slogan „Gönn' dir was Schönes", die Ware zu den über 160 Fussl-Geschäften in Österreich und Bayern.

Der langestreckte Zubau auf dem Eröffnungsprospekt

WIR KAUFEN DIE ALTE BRAUEREI MATTIGHOFEN

Aus der Ruine entsteht ein Modehaus

In der traditionsreichen Brauerei in Mattighofen wurde schon seit Jahren kein Bier mehr gebraut, als man mir 1984 das dem Verfall preisgegebene Gebäude anbot. Die Geschichte hatte mit unserem Erfolg in Ried zu tun. Baumeister Otto Koller aus Mattighofen, dem die Ruine zuletzt gehört hatte, war dadurch auf uns aufmerksam geworden. Sicher hoffte er, von uns dann auch den Auftrag für den Umbau zu bekommen. Den Zuschlag erhielt jedoch das Bauunternehmen Waizenauer & Schummer aus Taufkirchen an der Pram.

Die Brauerei Mattighofen, seit 1975 mit der Brau AG fusioniert, hatte kurz danach die Produktion eingestellt. Als letzter Akt war Ende 1982 der 36 Meter hohe Schlot gesprengt worden. Der alte Industriebau mit dem Sudhaus stand wie ein riesiger Klotz da, drei Stockwerke hoch.

Bei der ersten Begehung konnten wir nur über eine Leiter einsteigen. Mit dem Licht einer Taschenlampe tasteten wir uns voran. Die Atmosphäre war gespenstisch, die Mauern waren massiv und es war stockfinster. In einem der schummrigen Gärkeller fanden wir noch einen der grünen Bierdeckel der Brauerei und wir stolperten über eine Bierflasche mit Originaletikett.

„Es wäre ein Wahnsinn, das zu kaufen. Das darfst du nicht machen", mahnte meine Frau. Wider jede Vernunft kauften wir diese Burg dann doch, um eine Million Schilling (140.000 Euro inflationsbereinigt bis 2016). Der Umbau kostete ein Vielfaches. „Wenn's ihm jetzt net die Haxen ausreißt", wurde im Innviertel über den offenbar verrückt gewordenen Fussl erzählt.

Es wurde eine gigantische und langwierige Baustelle. Zuerst haben wir das Dach neu gemacht. Dann haben wir alles ausräumen müssen. Gärkessel, Sudpfannen und große Wannen waren noch da. Das Gebäude war verschachtelt, verschiedene Ebenen, hohe Räume, es war einfach spannend.

Historische Ansicht der Brauerei

Ein Erinnerungsstück

Unser Ziel war, diese Industrieruine in ein Modehaus um-
zubauen. Wegen der drei Verkaufsebenen ließen wir einen
Aufzug einbauen. Und es wurde ein wirklich schönes Haus!
Der Standort war zwar nicht direkt am Hauptplatz, aber
leicht erreichbar, weil es einen Durchgang gab. Für Mattighofen war das Haus sicher ein Gewinn, die Eröffnung
feierten wir mit allen Honoratioren. Und der Umsatz stimmte
vom ersten Tag an. Ein Jahr später wurde Mattighofen zur Stadt er-
hoben. Fussl hat gerade rechtzeitig zu diesem Anlass sein Modehaus
gebaut.

Mit Charly und Ernst auf der Baustelle

Das Untergeschoss hatte die Form eines Gewölbes, bestens geeignet für ein Restaurant. Diesen Teil verkauften wir, den Erlös konnten wir damals gut brauchen. Heute würden wir das nicht mehr machen. Das Lokal, das zur Frequenz beitragen sollte, funktionierte leider nur eine Zeit lang.

Aus der Brauerei wurde ein Modehaus

Als die Chefin den Anhänger verlor

Wenn bei uns das Stichwort Mattighofen fällt, wird oft die Geschichte mit dem Anhänger erzählt. Berti, die dabei die Hauptrolle spielte, soll berichten:

„Mit zwei Mitarbeiterinnen bin ich wieder einmal nach Salzburg zur Internationalen Modemesse gefahren, zum Einkaufen. Wir waren mit dem Kastenwagen und einem großen Anhänger unterwegs, beide voller Ware für Mattighofen. Während der Fahrt haben wir die ganze Zeit geratscht. Als wir in Mattighofen ankamen, bat ich Elisabeth, wegen des Anhängers nicht zu knapp einzubiegen. Dann stieg ich aus und stellte fest, dass der Anhänger gar nicht da war! Wir hatten ihn irgendwo unterwegs verloren … Jessas Maria! Was machen wir jetzt?

Elisabeth und Rosi fuhren auf der Stelle mit dem Auto zurück, um den Anhänger zu suchen. Ich rief Charly vom Geschäft aus an und bat ihn, ebenfalls nach dem Anhänger zu suchen und vor allem dem Papa nichts davon zu sagen.

Charly rief keine zehn Minuten später zurück. Er hatte den Anhänger in Hart in der ersten Kurve beim Wald gefunden, und es war zum Glück nichts passiert. Der Anhänger war nicht ordentlich angekuppelt worden, und wir hatten die Kupplung nicht überprüft …

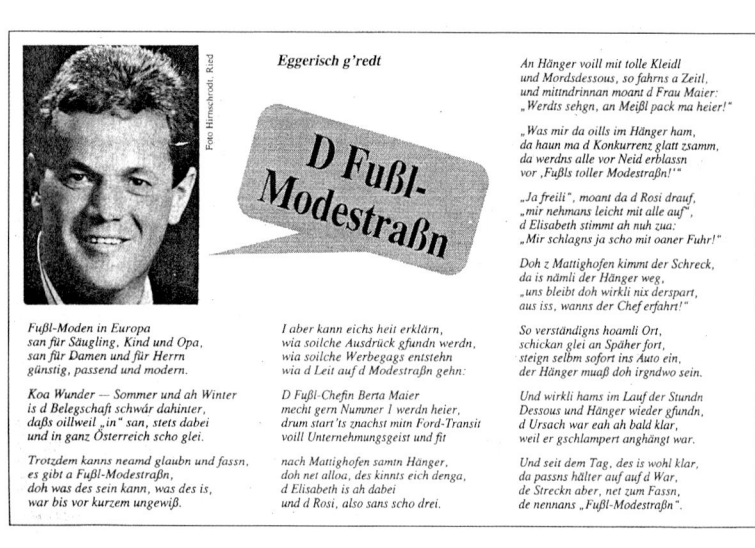

Foto: Hirnschrodt, Ried

Eggerisch g'redt

D Fußl-Modestraßn

An Hänger voill mit tolle Kleidl
und Mordsdessous, so fahrns a Zeitl,
und mittndrinnan moant d Frau Maier:
„Werdts sehgn, an Meißl pack ma heier!"

„Was mir da oills im Hänger ham,
da haun ma d Konkurrenz glatt zsamm,
da werdns alle vor Neid erblassn
vor ,Fußls toller Modestraßn!'"

„Ja freili", moant da d Rosi drauf,
„mir nehmans leicht mit alle auf",
d Elisabeth stimmt ah nuh zua:
„Mir schlagns ja scho mit oaner Fuhr!"

Doh z Mattighofen kimmt der Schreck,
da is nämli der Hänger weg,
„uns bleibt doh wirkli nix derspart,
aus iss, wanns da Chef erfahrt!"

Fußl-Moden in Europa
san für Säugling, Kind und Opa,
san für Damen und für Herrn
günstig, passend und modern.

Koa Wunder — Sommer und ah Winter
is d Belegschaft schwär dahinter,
daß oillweil „in" san, stets dabei
und in ganz Österreich scho glei.

Trotzdem kanns neamd glaubn und fassn,
es gibt a Fußl-Modestraßn,
doh was sein kann, was des is,
war bis vor kurzem ungewiß.

I aber kann eichs heit erklärn,
wia soilche Ausdrück gfundn werdn,
wia soilche Werbegags entstehn
wia d Leit auf d Modestraßn gehn:

D Fußl-Chefin Berta Maier
mecht gern Nummer 1 werdn heier,
drum start's znachst mitn Ford-Transit
voill Unternehmungsgeist und fit

nach Mattighofen samt Hänger,
doh net alloa, des kinnts eich denga,
d Elisabeth is ah dabei
und d Rosi, also sans scho drei.

So verständigns hoamli Ort,
schickan glei an Späher fort,
steign selbm sofort ins Auto ein,
der Hänger muaß doh irgndwo sein.

Und wirkli hams im Lauf der Stundn
Dessous und Hänger wieder gfundn,
d Ursach war eah ah bald klar,
weil er gschlampert anghängt war.

Und seit dem Tag, des is wohl klar,
da passns hälter auf auf d War,
de Streckn aber, net zum Fassn,
de nennans „Fußl-Modestraßn".

Der Vorfall machte rasch die Runde, und wir kamen damit auch in die „Rieder Volkszeitung". Der Mundartautor Walter Egger griff in seiner Kolumne „Eggerisch g'redt" die Geschichte auf und machte sich lustig darüber. Sein Grundtenor lautete in etwa: Wie will denn der Fussl den großen Konkurrenten Meißl schlagen, wenn die Chefin den Anhänger verliert? Wir nahmen es mit Humor und sahen darin eine Gratiswerbung.

Die Expansion geht weiter – Oberösterreich wird Fussl-Land

Das Stammhaus in Ort sowie die Geschäfte in Ried und Mattighofen waren die drei großen Häuser im Eigentum der Familie. Später kauften wir noch einige wenige Filialen dazu. Alle anderen haben wir gepachtet oder gemietet. Sonst wäre der Kapitaleinsatz viel zu hoch gewesen, es hätte sich nicht gerechnet.

Bevor wir uns an einen neuen Standort wagten, eröffneten wir in Ried als Franchise drei kleine Boutiquen und festigten unsere Position in der Stadt. Die Shops von Stefanel und California lagen unmittelbar neben unserem Geschäft, die Schildkröt-Boutique nur wenige Schritte entfernt.

Ab 1988 ging es dann Schlag auf Schlag. Im Jahresrhythmus eröffneten wir neue Geschäfte, zunächst in der Nähe, in Schärding und Braunau. Es folgten zentral gelegene Filialen in Wels am Kaiser-Joseph Platz, in Vöcklabruck am Stadtplatz und in der Arkade Linz an der Landstraße, weiters in Grieskirchen, Bad Ischl, Mauthausen, Enns und Rohrbach. Wir waren auf dem besten Weg, Oberösterreich zum Fussl-Land zu machen, mit Standorten in fast allen Bezirksstädten.

Aus der Reihe fällt St. Johann im Pongau, unser erstes Geschäft in Salzburg. Es ergab sich 1988 zufällig. Der Schuhfilialist Schnöll baute ein Einkaufszentrum, den Kaufhof, und bot uns in dem Haus 600 Quadratmeter Textilfläche an, und zwar im Tausch gegen Schuhfilialen bei uns in Ried und Mattighofen. Somit zahlte keiner von beiden dem anderen Miete – ein Gewinn für beide Seiten.

Die Filiale in St. Johann läuft seither so gut wie die meisten anderen in dieser Zeit eröffneten Geschäfte. Die bittere Ausnahme ist ausgerechnet die Arkade Linz. Der Standort in dieser Einkaufspassage mit der prominenten Adresse hat sich bald als ungeeignet erwiesen. Schon unser Vorgänger war dort gescheitert, seither hatte dieser Platz ein schlechtes Image. Wir haben alles versucht, sind aber auf keinen grünen Zweig gekommen. Die Arkade hat sich nicht gerechnet, 2008 sind wir schließlich ausgestiegen.

Wenn eine Filiale nicht die Erwartungen erfüllt und geschlossen werden muss, ist das immer bitter. Irgendwann muss man aber die Konsequenzen ziehen, um den Verlust in Grenzen zu halten. Entscheidend ist, dass sich solche Fehlschläge nicht häufen. Aber einzelne Fälle sind zu verkraften.

WIE WIR ZU EINER TISCHLEREI KAMEN

Der eigene Ladenbau als Schlüssel für die schnelle Expansion

Zu unserer Tischlerei, die sich in kurzer Zeit zu einem vollwertigen Ladenbau entwickelte, sind wir 1991 durch einen tragischen Unfall gekommen. Für unsere Deko-Werkstatt arbeitete damals ein junger Tischler, Christian Gebhartl. Sein Vater betrieb in St. Martin eine Tischlerei, die er gerade ausgebaut hatte. Auch wir erteilten ihm ab und zu Aufträge.

Eines Tages ist Christians Vater tödlich verunglückt. Er hatte die Sperre der noch nicht fertiggestellten Innkreis-Autobahn ignoriert und war zwischen Haag und Ried in eine abgestellte Baumaschine gekracht. Christian, gerade erst 20 Jahre alt, stand plötzlich allein mit dem Betrieb und einem Haufen Schulden da: eine extrem schwierige Situation.

Christian, fast ein Freund für mich, bat mich daraufhin inständig, ihm doch die Tischlerei abzukaufen, was ich auch tat. Wir stellten ihn natürlich an, und er konnte die Wohnung oberhalb der Werkstatt behalten. Er führte die Tischlerei für uns weiter, doch es war auf die Dauer nicht seine Sache, Chef zu sein. Er war ein genialer Bastler und konnte alles, und er hat dann andere Jobs bei uns übernommen.

Die Tischlerei wurde rasch größer. Arbeit gab es mehr als genug, da immer mehr Geschäfte einzurichten waren. So fügte sich eins ins andere, und die Entscheidung erwies sich sehr bald als goldrichtig. Alles, was wir selber machten, mussten wir nicht teuer bei den Ladenbaufirmen kaufen.

Einen wesentlichen Anteil an der Entwicklung unseres Ladenbaus hat der Innenarchitekt Otto R. Kitzmüller, der gemeinsam mit Alfred Sturm in Salzburg das Büro Blechwell Shopdesign betreibt. Wir arbeiten seit 30 Jahren mit ihm zusammen, erfolgreich und reibungslos. Er ist längst unser Hausarchitekt geworden. Mit ihm zusammen entwickelten wir eine eigene Linie für unsere Geschäfte. Wir verwenden viel Holz, und warme, erdige Farben dominieren. Das liegt seit einiger Zeit im Trend. Elemente aus Metall kaufen wir dazu. Bruno arbeitet an der

Schnittstelle zum Verkauf und plant mit Kitzmüller die Ausstattung der Geschäfte. Die beiden sind ein bestens eingespieltes Team.

Unsere Tischler leisten herausragende Arbeit und setzen die Entwürfe in der Werkstatt und später auf Montage um. Mir liegen die Burschen im Ladenbau seit der ersten Stunde besonders am Herzen. Die Zahl der Mitarbeiter schwankt, zu Spitzenzeiten werkten auch schon über 20 Leute in der Tischlerei, immer unter der Leitung eines Meisters.

Die Tischler liegen mir seit jeher am Herzen. Zum Dank gab es eine Karikatur

Die Übernahme der Tischlerei und ihr Ausbau zu einem schlagkräftigen Ladenbau war in doppelter Hinsicht einer der entscheidenden Faktoren bei der schnellen Expansion: Wir können neue Geschäfte schöner und günstiger einrichten und bestehende Läden schneller umbauen. Gleichzeitig sind wir viel flexibler und unabhängig von den Ladenbaufirmen. Wir haben uns erfolgreich gegen den Trend entschieden: Insourcen statt Outsourcen!

DIE NÄCHSTE GENERATION TRITT AN

Karl und Ernst übernehmen die Verantwortung

Die beiden älteren Söhne, Karl (Charly) und Ernst, sind nach der Matura an der Handelsakademie und dem Präsenzdienst ins Geschäft eingestiegen. Sie sind langsam hineingewachsen. Schon in jungen Jahren hatten sie miterlebt, wie sehr es unser Leben bestimmte. Von der Früh bis zum Abend drehten sich die Gespräche fast nur um dieses eine Thema. Das hatte natürlich auch damit zu tun, dass Geschäft und Wohnung unter einem Dach waren.

Je älter die Kinder wurden, desto aufmerksamer hörten sie zu und desto mehr Fragen stellten sie. Sie bekamen mit, dass uns die Arbeit Spaß machte. So wurde ihr Interesse an der Firma geweckt. Wir haben sie auch schon früh eingebunden, quasi als Teil der Erziehung.

So wie ich seinerzeit, machten beide Burschen noch das eine oder andere Praktikum. Charly war ein halbes Jahr als Trainee beim Modehaus Steinecker in Randegg, Niederösterreich. Vermutlich entdeckte er dort seine Liebe für Kleidung und Mode, wie sie die von ihm bewunderte Seniorchefin vorlebte. Später schnupperte er noch bei der renommierten Firma Pfefferkorn in Lech am Arlberg. Dort absolvierte auch Ernst ein Praktikum, im Sporthaus Strolz, der Nummer eins in dem Nobelskiort.

Mit der Zeit zeichnete sich ab, welche Aufgabengebiete sie übernehmen würden. Charly interessierte sich für die Ware – er hat das nötige modische Feeling und damit den Einkauf sowie die Logistik. Schon während seiner Bundesheerzeit entwickelte er einen Schlüssel für die verschiedenen Warengruppen und arbeitete Richtlinien für den Einkauf aus. Ernst sollte für das weite Feld der Organisation zuständig werden, für Verwaltung, Finanzen und Personal, Marketing, Werbung und Expansion. Er hatte sich immer schon gern mit der EDV befasst und sogar eine eigene Firma gegründet, diese dann aber seinem Partner übergeben, um sich auf seine Aufgaben bei uns im Betrieb zu konzentrieren. Die Gründung dieser Firma spiegelt jedenfalls seinen unternehmerischen Elan wider, den er in Zukunft noch oft unter Beweis stellen sollte. Unsere beiden Söhne ergänzen einander gut. Die Arbeitsteilung entspricht der von meiner Frau und mir: Ich die Organisation, Berti die Ware.

Eigentlich war vorgesehen, dass auch unser dritter Sohn Martin ins Unternehmen einsteigt. Er arbeitete ein Jahr bei Henschel & Ropertz, dem besten Modehaus in Darmstadt, wir kannten die Chefs aus unserer gemeinsamen Einkaufsgruppe Promotion. Er hat dort alle Bereiche durchlaufen und überall gute Figur gemacht, auch als Verkäufer in der Damenmodeabteilung. Martin wäre bestens für den Einkauf geeignet gewesen, doch dieser Bereich war bereits von Charly besetzt. Also ging er nach Wien, studierte an der Wirtschaftsuniversität Betriebswirtschaft sowie an der Uni Wien und in Shanghai Sinologie. Seit 2007 ist er für die Bank Austria tätig. Derzeit leitet er das Beratungszentrum für Botschaften und Diplomaten, wo er die Kunden in Englisch, Französisch, Chinesisch, Tschechisch und Polnisch betreuen kann. Seit 2010 ist Martin mit dem aus China stammenden Künstler Patrick Li verpartnert.

Unsere Tochter Beate wird gespürt haben, dass für sie in der Firma kein Platz mehr war. Vielleicht wollte sie auch gar nicht einsteigen, hatte sie sich doch anderweitig engagiert, etwa als Landesschulsprecherin. Sie zog ebenfalls nach Wien, wo sie während ihres Studiums der Handelswissenschaften in den Journalismus einstieg. Sie wurde Wirtschaftsredakteurin beim „Standard", wechselte in das Wirtschaftsressort der „Kronen Zeitung" und übernahm anschließend bei krone. at und Axel Springer in Berlin Führungspositionen im Verlagsmanagement. Zurück in Wien, machte sie sich mit der PR-Agentur „aditorial" selbstständig. Beate ist mit dem Interimsmanager Christian Kniescheck verheiratet. Sie haben zwei Buben, Elia (*2007) und Noah (*2009).

Mit dem Eintritt von Charly und Ernst ins Geschäft waren die Weichen für unsere Nachfolge gestellt. Die beiden ließen es nicht an Einsatz fehlen und wurden rasch zu wertvollen Stützen. Jetzt waren wir vier Familienmitglieder in der Firma. Zugegeben, die Zusammenarbeit ist nicht immer reibungslos gelaufen, das ist aber völlig normal. Die Jungen mussten Erfahrungen sammeln und entwickelten ihre eigenen Vorstellungen. Manchmal hatten sie recht, manchmal aber auch wir … Und ehrlich gesagt, habe ich es ihnen auch sicher nicht leicht gemacht, als Chef und Patriarch.

Wir übergeben, gehen in Pension und arbeiten weiter

Wir steuerten gemeinsam den Wachstumskurs und eröffneten von einer gesicherten Basis aus eine Reihe weiterer Filialen. Im Jahr 1996 standen wir, je nach Zählung, bei 16 oder 18 Geschäften, mit über 200 Mitarbeitern. Wir hatten eine solide Grundlage geschaffen. Angesichts dieser positiven Entwicklung hatten wir nie auch nur den geringsten Zweifel, dass Charly und Ernst die Firma nicht übernehmen würden. Wenn Familienbetriebe Probleme haben, Nachfolger zu finden, weil die Kinder kein Interesse zeigen, sind die Unternehmer meist selbst schuld. Wer über viel Arbeit und wenig Freizeit jammert, darf sich nicht wundern, wenn die nächste Generation andere Wege geht.

Die Hofübergabe

Bei uns war das nicht der Fall. Vielmehr verstärkte sich das Gefühl, dass die Jungen nichts dagegen hätten zu übernehmen. Einen Druck in diese Richtung spürten wir jedoch nicht. Als die Information durchsickerte, dass Übergaben innerhalb der Familie höher besteuert werden könnten, ersuchten wir unseren Steuerberater Franz Zauner in Ried, eine kostengünstige Lösung vorzubereiten. Außerdem waren wir noch immer eine Gesellschaft bürgerlichen Rechts und hafteten mit unserem gesamten Vermögen. Ein aberwitziges Risiko … Dazu kamen Berichte über eine Verschlechterung des Pensionssystems, die uns bewogen, formell in Pension zu gehen. Ich war 60 und Berti 55, wir hatten beide lang genug gearbeitet und ins System einbezahlt. Wir gingen gemeinsam am Tag der Übergabe in Frühpension.

Zunächst gründeten wir 1996 eine GesmbH & Co. KG, in der wir mit je 25 Prozent und die Söhne mit je 25 Prozent beteiligt waren. Wir wollten noch nicht alles übergeben, weil offen war, ob Martin doch noch einsteigen würde. Mit 1. Jänner 2000 wurde die KG in eine GesmbH mit je 50 Prozent für Karl und Ernst umgewandelt. Wir schieden aus und übergaben in diesem Jahr aus steuerlichen Gründen auch die Immobilien.

Die Übergabe selbst war nur ein formaler Akt, nicht mehr als ein Amtsweg. Wir fuhren zu viert zum Notar Wild nach Obernberg, unterzeichneten die vorbereiteten Papiere und kehrten ins Geschäft zurück. Wo wir dann eigentlich genauso weiterarbeiteten wie vorher, nur bezogen wir kein Gehalt mehr. Geändert hatten sich nur die Eigentumsverhältnisse, was selbst die Mitarbeiter nicht bemerkten. Für uns beide, Berti und mich, war diese Lösung sehr wichtig. Wir wollten uns nicht völlig zurückziehen, das wäre nichts für uns gewesen. Vertraglich festgelegt wurde selbstverständlich das lebenslange Wohnrecht im Haus und die Verpflegung durch das Restaurant. Dazu kam noch der Anspruch auf ein Auto jener Klasse, wie es den Geschäftsführern zusteht. Ich wollte kein Goggomobil fahren … Seit Jahren haben wir nun einen Toyota Prius.

Die neuen Chefs waren bei der Übernahme relativ jung: Karl war 28 und Ernst 26. Aus meiner Sicht war es aber der richtige Zeitpunkt. Wenn wer antreten will, dann soll er antreten. Es ist wie beim Fußball, du darfst gute Spieler nicht zu lang auf der Bank sitzen lassen, denn sonst verlieren sie die Lust oder wechseln den Verein. Ich selber

„Familienaufstellung" aus dem Jubiläumsbuch 140 Jahre Fussl 2011: Berti und Karl, Ernst und Martina, Maria und Charly, Bruno.

war noch jünger, als ich das Kommando übernahm, nämlich 19. Formal wurde ich Chef mit knapp 30 Jahren.

Sobald mehr als 300 Mitarbeiter beschäftigt waren, musste die „Fussl Modestraße Mayr GmbH", wie das Unternehmen jetzt hieß, einen Aufsichtsrat errichten. Dem Gremium gehörten Berti und ich als frühere Eigentümer, der Steuerberater Zauner und unser Sohn Martin als Finanzexperte an. Die neuen Eigentümer und Geschäftsführer berichteten an den Aufsichtsrat. Dieser war fast so wie ein Familienrat, nichtsdestotrotz prallten oft die Meinungen aufeinander, ehe wir zu einer Einigung fanden, obwohl der Aufsichtsrat nur beratenden Charakter hatte. Das letzte Wort hatten die neuen Eigentümer.

Kurz vor der Übergabe war Charlys Frau Maria beim Fussl eingestiegen und übernahm mit der Leitung des Dameneinkaufs bald eine Schlüsselposition. Sie hatte an der Uni Wien das Lehramt für Französisch und Geografie abgeschlossen, nach einem Unterrichtspraktikum am Gymnasium in Ried erkannte sie aber, dass ihr Platz an der Seite ihres Mannes im Familienunternehmen war. Seit 2000 ist sie einzelzeichnungsberechtigte Prokuristin. Charly und Maria haben vier Kinder, Anna (*1993), die Zwillinge Felix und Michael (*1997) sowie Magdalena (*2004).

Ernsts Frau Martina arbeitete nach ihrer Matura an der Handelsakademie in einer Bank und trat 2004 ebenfalls in die Firma ein. Seit 2009 verantwortet sie den Bereich Marketing und Werbung, der aufgrund der Expansion immer wichtiger geworden ist. Die beiden haben zwei Buben, Lukas (*2002) und Paul (*2008).

DAS HÄTTE ICH MIR NICHT TRÄUMEN LASSEN

Das Erbe als Verpflichtung

Aus der Fussl-Kramerei ist ein Vielfaches von dem geworden, was ich in meinen kühnsten Träumen nicht zu hoffen gewagt hatte. Durch die Arbeit von zwei Generationen ist eines der größten österreichischen Modehandelsunternehmen in Familienbesitz entstanden, mit über 1100 Mitarbeitern in über 160 Filialen in allen Bundesländern und in Bayern. Meine erste Vision aus den 1950er-Jahren wirkt im Rückblick mehr als bescheiden: Ich wollte ein Geschäft mit fünf, sechs Angestellten an unserem angestammten Platz in Ort im Innkreis. Ich gebe zu, dass ich damals keine Ahnung hatte, wie das gehen sollte. Obwohl mich der Einzelhandel seit meiner Kindheit fasziniert hat, verstand ich auch nach zwei Jahren Handelsschule noch zu wenig davon und musste viel lernen. Trotzdem war es ein hochgestecktes Ziel, das erste von vielen, die ich mir im Lauf der Jahre gesetzt habe.

Wahrscheinlich war meine Begeisterung für die Sache die wichtigste Basis. Einige Ideen ließen sich dann leichter umsetzen, als ich es erwartet hatte, jeder noch so kleine Erfolg beflügelte mich, und ich überwand manchen Widerstand. Zug um Zug ging es voran, mit Freude und Neugier. Ich fand meine Arbeit nahezu immer aufregend und spannend. Nach einem Rückschlag nahm ich mir ein neues Projekt vor. Sicher spielte auch ein gerüttelt Maß an Ehrgeiz eine Rolle, gespeist aus der Haltung: „Denen werde ich es zeigen!" Von Spott und Hohn ließ ich mich nicht beeindrucken.

Dann hatte ich das große Glück, die richtige Frau zu finden. Die Berti ist das Beste, was mir passieren konnte, privat und geschäftlich. Ohne sie wäre unser geschäftlicher Erfolg nicht möglich gewesen. Wir haben gut zusammengepasst, einander bestens ergänzt und ab dem ersten Tag an einem Strang gezogen. Beide konnten wir uns verwirklichen, und wir hielten zusammen. Heute würde man uns ein „Power-Couple" nennen.

50 Jahre ein starkes Paar

Für unseren Erfolg gibt es eine Reihe von Gründen. Wahrscheinlich arbeiteten wir mehr, waren fleißiger und mutiger als andere. Entscheidungen haben wir mit Hausverstand und Augenmaß getroffen. Vielleicht verfügten wir auch über reichlich Talent und Gespür für unser Geschäft. Wir waren immer offen für Neues und haben uns weitergebildet. Das Know-how holten wir uns von überallher. Wir fanden interessante Lösungen in anderen Geschäften, bei der Konkurrenz und bei Freunden, bekamen tolle Inputs nicht zuletzt in den USA und studierten regelmäßig die Fachliteratur.

Wesentlich ist, dass wir die Arbeit nicht als Belastung empfanden, sondern Spaß daran hatten. Trotz aller Erfolge sind wir bescheiden und bodenständig geblieben. Jede Angeberei ist mir ein Gräuel.

Was wir in 60 Jahren aus dem Stammhaus in Ort im Innkreis gemacht haben, ist schon außergewöhnlich. Mir fällt nichts Vergleichbares ein: in einer kleinen Landgemeinde so ein großes Geschäft mit der Firmenzentrale und dem Logistikzentrum! Mit 114 Mitarbeitern sind wir derzeit auch der größte Arbeitgeber im Ort.

Der neugestaltete Eingang zum Stammhaus

Ebenso bemerkenswert ist die Tatsache, dass sich die Fussl Modestraße als eines der wenigen österreichischen Textilunternehmen im Wettbewerb neben internationalen Ketten wie H&M, C&A, Peek & Cloppenburg, Kik, New Yorker, Vögele, NKD und Zara gut behauptet.

Natürlich haben wir auch Fehler gemacht, und nicht alles ist gelungen. Aus heutiger Sicht hätten wir noch viel schneller und mutiger expandieren sollen. Wir hätten das Sortiment schneller bereinigen und uns früher auf Mode konzentrieren sollen. Manchmal wäre mehr Geduld geschickter gewesen, etwa hinsichtlich der einen oder anderen Filiale, die wir wieder aufgaben. Manchmal ist es aus Kostengründen zwar vernünftig, einen Standort zu schließen, aber bei der Filiale im Auhof-Center in Wien zum Beispiel haben wir zu früh das Handtuch geworfen. Im Nachhinein ist man natürlich immer klüger …

Zufriedene Kunden und motivierte Mitarbeiter

In der Fussl-Philosophie stehen die Menschen im Mittelpunkt – die Kunden und die Mitarbeiter. An erster Stelle kommen zufriedene Kunden, sie sind entscheidend für unseren Erfolg. Sämtliche Tätigkeiten – Einkauf, Verkauf, Werbung, Verwaltung – dienen letztlich dem Ziel, die Kunden zufriedenzustellen, mehr noch: sie zu begeistern. Der Schlüsselfaktor ist die Ware, wobei unser Sortiment bezogen auf Mode und Preis/Leistung die Mitte bedient. Große Anliegen sind uns Beratung, Freundlichkeit und Serviceleistungen. Die Kunden sollen sich bei uns wohlfühlen und – getreu dem aktuellen Fussl-Slogan – in die Stimmung kommen, „sich etwas Schönes zu gönnen".

Direkt nach den Kunden kommen unsere Mitarbeiterinnen und Mitarbeiter. Wir wollen mit begeisterten, eigenverantwortlichen, selbstständigen und loyalen Menschen zusammenarbeiten, die ebenso offen für Veränderungen und Neuerungen sind wie wir. Es ist ein Miteinander, unsere Leute sollen nicht das Gefühl haben, dass sie „für uns" arbeiten müssen. Vielmehr sollen sie sich bei uns in der großen Fussl-Familie willkommen fühlen. Wir achten darauf, sie so oft wie möglich unsere Wertschätzung spüren zu lassen. Ohne diesen familiären Umgang wären sie nämlich bald wieder weg. Und viele bleiben lange bei uns, manche sogar Jahrzehnte.

Um die Mitarbeiter zu fördern und ihnen die Möglichkeit zu geben, sich weiterzuentwickeln, gründeten wir 1994 die Fussl-Akademie. Die kostenlosen Trainings werden in kleinen Gruppen abgehalten und praxisnah gestaltet. Die Schwerpunkte sind Verkaufsgespräch, Warenkunde und Führungskräftetraining. Unseren Lehrlingen bieten wir, ergänzend zur Berufsschule, spezielle Trainings an, die sie durch ihre Ausbildung begleiten und unterstützen.

1992 erschien die erste Ausgabe von „Fussl-Actuell", später mit dem Untertitel „Magazin für die besten Mitarbeiter im Modehandel". Die monatlich erscheinende Mitarbeiterzeitung ist eine Informationsdrehscheibe für Firmeninterna, Pläne, Modetrends und Werbetermine. Sie würdigt besonders erfolgreiche Filialen und berichtet über Feste im Kreis der Kollegen, Geburtstage, Hochzeiten usw. Für die ersten 100 Ausgaben von „Fussl-Actuell" schrieb ich die Leitartikel, dann übernahm Charly diese Aufgabe.

Die Mitarbeiter lassen den Seniorchef zum 80er hochleben

Jeden Sommer findet im Stammhaus in Ort das mittlerweile legendäre „Fussl-Fest" statt, das wir mit der ganzen Belegschaft feiern. Zu diesem Anlass wird die Logistikhalle leergeräumt und festlich geschmückt. Die Veranstaltung steht jedes Mal unter einem anderen Motto, zu dem sich unsere Mitarbeiter passend kleiden. Wenn die Busse aus den Bundesländern vorfahren und unsere Leute aussteigen, herrscht eine freudige Stimmung. Die am besten gekleideten Verkäuferinnen oder Verkäufer werden besonders stürmisch begrüßt. Und dann wird gefeiert. Und feiern kann die Fussl-Familie … Meistens kommen um die 600 Mitarbeiter zum Fest. Es gibt Livemusik und künstlerische Darbietungen, und natürlich gehören auch Chefansprachen und Ehrungen langjähriger Mitarbeiter dazu. Das Fussl-Fest im Sommer hat die Weihnachtsfeiern ersetzt, die uns in der umsatzstärksten Zeit zur Belastung geworden waren.

Alle fünf Jahre feiern wir anlässlich des Jubiläums der Firmengründung 1871 in noch größerem Rahmen. Dazu kommen auch Geschäftspartner, Kollegen, Nachbarn sowie alle, mit denen wir darüber hinaus beruflich in näherem Kontakt sind. Und als Ehrengast laden wir jedes Mal einen ranghohen Politiker ein.

Der „Mode-Oskar" – eine großartige Sache

Von den vielen Auszeichnungen, die wir als Unternehmen im Laufe der Jahre erhielten, ragt für mich der „Salzburger Preis" für „hervorragende Leistungen im Textilhandel" heraus. Die von den „Österreichischen Textil-Mitteilungen" ausgesprochene Würdigung wurde uns 1992 zuteil, als wir mit acht Filialen noch relativ klein waren. Ich habe es zuerst gar nicht glauben können und dachte, dass mich da jemand pflanzen wollte. Doch es hat gestimmt. Der auch als „Mode-Oskar" bekannte Preis war eine großartige Bestätigung unserer Arbeit.

Die schönste Auszeichnung für mich sind aber die Kunden, die Tag für Tag zu uns kommen. Ehrenwert, aber nicht so wichtig sind für mich die Auszeichnungen, die ich persönlich erhielt: ein Orden vom Land Oberösterreich, den Ehrenring der Gemeinde Ort im Innkreis und den Titel Kommerzialrat, den mir die meinerseits so oft kritisierte Wirtschaftskammer verpasste. Da auch Charly kürzlich Kommerzialrat wurde, gibt es beim Fussl jetzt also zwei, noch dazu mit demselben Namen.

Der „Salzburger Preis" freute uns ganz besonders

Am Telefon melde ich mich nur mit „Fussl"

In den ersten 15 Jahren nach der Übergabe haben Berti und ich praktisch so weitergearbeitet wie vorher. Seit fünf Jahren gehen wir es ruhiger an und nehmen uns mehr Zeit für Urlaube und Reisen. Schließlich haben wir da einiges nachzuholen. 2014 stürzten wir uns in ein großes Abenteuer: Mit der „Costa Deliziosa" unternahmen wir in 100 Tagen eine Schiffsreise rund um die Welt.

Am liebsten aber machen wir kurze Touren in Österreich und besuchen dabei die Fussl-Filialen, auch als Zeichen der Verbundenheit der Familie mit unseren Mitarbeitern.

In meinem Tagesablauf gibt es ein paar Fixpunkte. Ich lese gründlich die Zeitungen und Magazine, gehe eine Runde ins Geschäft und ins Restaurant, informiere mich über die Umsätze und sehe mir an, welche Filialen wie abgeschlossen haben. Früher bin ich noch jeden Tag nach Schärding gefahren, um unser Geschäft zu beliefern und natürlich um mit den Damen Schmäh zu führen. Meine Identifikation mit Fussl ist

Sydney – Blick auf Oper und Harbour Bridge

nach wie vor total, ich könnte auch gar nicht anders. So gesehen ist es selbstverständlich, dass ich mich am Telefon nur mit „Fussl" melde.

Wenn wir zurückblicken, die Berti und ich, dürfen wir zufrieden sein mit uns und stolz auf alles, was wir erreicht haben.

Auch mit unseren Nachfolgern können wir uns glücklich schätzen. Durchaus stolz bin ich auf die Geschichte von Fussl seit der Gründung und ich ziehe den Hut vor der Leistung der früheren Generationen. Sie haben uns etwas sehr Wertvolles hinterlassen, nicht zuletzt Ansehen und einen guten Namen. Dieses Erbe ist für uns Verpflichtung. Ich kann nur hoffen, dass es so weitergeht.

Die Familie 2016

Anmerkungen

1   Sölde ist das bescheidene Anwesen eines Kleinbauern.

2   Maasbach wurde 1938 von der Gemeinde Ort im Innkreis abgetrennt und auf Druck der NS-Behörden der Gemeinde Eggerding zugeschlagen. Kirchlich gehört Maasbach zur Pfarre Antiesenhofen.

3   Peter Fußl, Häuserchronik der Pfarre Ort im Innkreis, Edition Heimat Oberösterreich 1994

4   Siehe Eintrag im Sterbebuch der Pfarre Ort im Innkreis.

5   Eine Vereinheitlichung brachte erst das Allgemeine Bürgerliche Gesetzbuch von 1811, das die Großjährigkeit generell mit Vollendung des 24. Lebensjahrs festlegte. Diese Grenze wurde 1919 auf das vollendete 21. Lebensjahr, 1973 auf das vollendete 19. Lebensjahr herabgesetzt.

6   Im Taufregister der Pfarre Ort von 1889 ist für Maria Daller – wie damals bei unehelichen Geburten üblich – kein Vater vermerkt.

7   Vgl. die Unterlagen des Kriegsarchivs in Wien.

8   Heute ist das Haus im Besitz der Familie Arth.

9   Der Stammbaum nach Johann und Juliane Mayr ist anlässlich eines Familientreffens im Jahr 1996 von Wolfgang und Hilde Mayr aus Schärding recherchiert worden.

10 Das Schloss wurde 1120 erstmals urkundlich erwähnt. Errichtet wurde es von den Herren von Ort, einem niederen Adelsgeschlecht. Es wechselte wiederholt den Besitzer, ehe es 1709 in das Eigentum des Stifts Reichersberg gelangte und bald danach abgerissen wurde.

11 Salzburger Karten sind einköpfige Karten mit deutschen Farben und eine regionale Abart des Bayerischen Blatts. Ihre Verbreitung im Innviertel ist auch ein Beleg für die engen Kontakte zu Salzburg, die sich im 19. Jahrhundert entwickelten. Das Innviertel war 1779 zu Österreich gekommen, Salzburg war 1816 endgültig an Österreich angegliedert worden. Bis 1938 war das Innviertel das wichtigste Hinterland für die Stadt Salzburg.

12 Vinzenz Ludwig Ostry (1897–1977) war in den ersten Nachkriegsjahren einer der einflussreichsten Journalisten Österreichs. Als Gegner des Nationalsozialismus wurde er 1938 verhaftet und ins Konzentrationslager Buchenwald gebracht. 1945 wurde Ostry Redakteur bei der Tageszeitung „Neues Österreich" und gründete den Österreichischen Pressedienst. Von 1946 bis 1951 war er Chefredakteur der Austria Presse Agentur (APA).

13 Der Hausaltar fand nach vielen Umbauten seinen endgültigen Platz im Stiegenaufgang.

14 Unter Näherinnen und Scheiderinnen war es auf dem Land früher üblich, „auf die Stör" zu gehen. Sie zogen mit ihrem Werkzeug, meist einer Handnähmaschine, von Haus zu Haus und arbeiteten für Kost, Logis und einen bescheidenen Lohn.

15 Gasselfahren ist ein Pferderennen, bei dem die Pferde den „Gasselschlitten" ziehen, ein Gefährt, das dem Sulky bei Trabrennen nachkonstruiert ist, aber anstelle der Räder Schlittenkufen besitzt. Der Name leitet sich von der „Gassel" genannten Fahrbahn ab. Derartige Schlittenrennen werden heutzutage unter anderem noch in der Steiermark, in Salzburg und Tirol ausgetragen.

16 „Der Bundschuh", Band 16, 2013, S. 84.

17 Fußl, Peter; Trausinger, Walter; Bartel, Wilhelm, „Heimatbuch der Gemeinde Ort im Innkreis", Oberösterreichischer Landesverlag Ried im Innkreis 1980, S. 153.

18 Die Molkereigenossenschaft Ort war eine der ersten in Österreich. Im Jahr 1955 übersiedelte die Molkerei in ein neues Gebäude an der Bundesstraße. Später ging sie auf in der Molkereigenossenschaft Geinberg, der Schärdinger Landmolkerei und schließlich in der Berglandmilch.

19 Heute erledigen das Milchtankwagen.

20 Schreibweise empfohlen vom Innviertler Mundartautor Hans Kumpfmüller.

21 Gansinger, Gottfried; Nationalsozialismus im Bezirk Ried im Innkreis. Widerstand und Verfolgung 1938–1945, Studienverlag Innsbruck, Wien Bozen 2016; S. 293–294.

22 Franz Ranseder wurde am 1. Juli 1945 Bürgermeister und bekleidete dieses Amt bis zum 15. Oktober 1949.

23 Das Lager Glasenbach im Stadtgebiet von Salzburg war das größte Internierungslager für Nationalsozialisten und Kriegsverbrecher in Österreich. Es wurde von 20.000 Personen durchlaufen.

24 Die Spanische Hofreitschule fand bis 1946 in St. Martin Zuflucht, danach übersiedelte sie in die Welser Dragonerkaserne, wo sie bis 1955 untergebracht war. Die Zuchtstuten und Fohlen aus dem Gestüt Piber, die über Hostau in Südböhmen ins Innviertel gekommen waren, blieben bis 1952 im Schloss Bad Wimsbach.

25 Lehrerinnen, ob alt oder jung, verheiratet oder nicht, wurden damals grundsätzlich mit „Fräulein" angesprochen.

26 Der Vater hat die Schülerbeschreibung verbotenerweise in seiner Dokumentenmappe aufgehoben, wie ich an einer anderen Stelle dieses Buches schon erzählt habe.

27 Das Gymnasium in Ried besteht seit 1871, es war das erste im Innviertel. Im Jahr 1968 übersiedelte es von der Dr.-Thomas-Senn-Straße in ein neues Gebäude in der Beethovenstraße.

28 Aus der Feuerwehrmusik Traxlham ging 1954 die Pfarrmusik Ort hervor.

29 Franz Weißl (1916–1959) legte wie jeder Mönch bei seinem Eintritt ins Augustinerchorherrenstift Reichersberg seinen bürgerlichen Vornamen ab und nahm den Ordensnamen Lambert an. Er war von 1949 bis 1958 Pfarrprovisor in Ort im Innkreis, danach Pfarrer in Edltz (Niederösterreich).

30 Das Fußballtoto wurde 1949 in Österreich eingeführt.

31 Gansinger, a. a. O., S. 96; Weißl war vom 8. August 1938 bis 21. April 1939 im KZ Dachau.

32 Felix Hurdes (1901–1974) wurde 1938/39 von den Nazis im KZ Dachau interniert, 1944/45 im KZ Mauthausen. Nach dem Ende des Zweiten Weltkrieges war Hurdes einer der Mitbegründer der ÖVP. Von 1945 bis 1952 war er Unterrichtsminister, von 1953 bis 1959 Nationalratspräsident.

33 2016 eröffnete Fussl die erste Filiale in Bayern, in Pfarrkirchen.

34 Ihr Sohn Horst Breitenstein war von 1996 bis 1997 Generaldirektor von IBM Österreich.

35 Fritz Dirtl (1928–1956) war Anfang der 1950er-Jahre der schnellste Speedwayrennfahrer Mitteleuropas. Von rund 330 gefahrenen Rennen gewann Dirtl 250.

36 Zur Kapsreiter-Gruppe zählten neben dem Bauunternehmen auch Granitwerke und eine Brauerei. Die Familie Kapsreiter spielte über ihre unternehmerische Tätigkeit hinaus auch kulturell und politisch eine herausragende Rolle in Schärding. 1986 musste Kapsreiter Konkurs anmelden.

37 Schimpfwort für einen dicken, protzigen und meist unsympathisch wirkenden Mann.

38 Zitat des oberösterreichischen Dichters Carl Adam Kaltenbrunner (1804–1867), ein Zeitgenosse Franz Stelzhamers.

39 Fußl, Peter, Heimatbuch a. a. O., S. 41. In Ort gab es in der Zwischenkriegszeit zwei Fremdenpensionen. 1935 wurden 774 Nächtigungen gezählt.

40 Hannelore Auer, geb. 1942 in Linz, war mit dem Regisseur Franz Antel liiert und mit Alfred „Alfie" Prinz von Auersperg verheiratet. 1979 heiratete sie den deutschen Schlagersänger Heino (Heinz Georg Kramm) und wurde dessen Managerin.

41 „Oberösterreichische Nachrichten" vom 16. November 1984.

Stammbaum Familie Fußl – Mayr

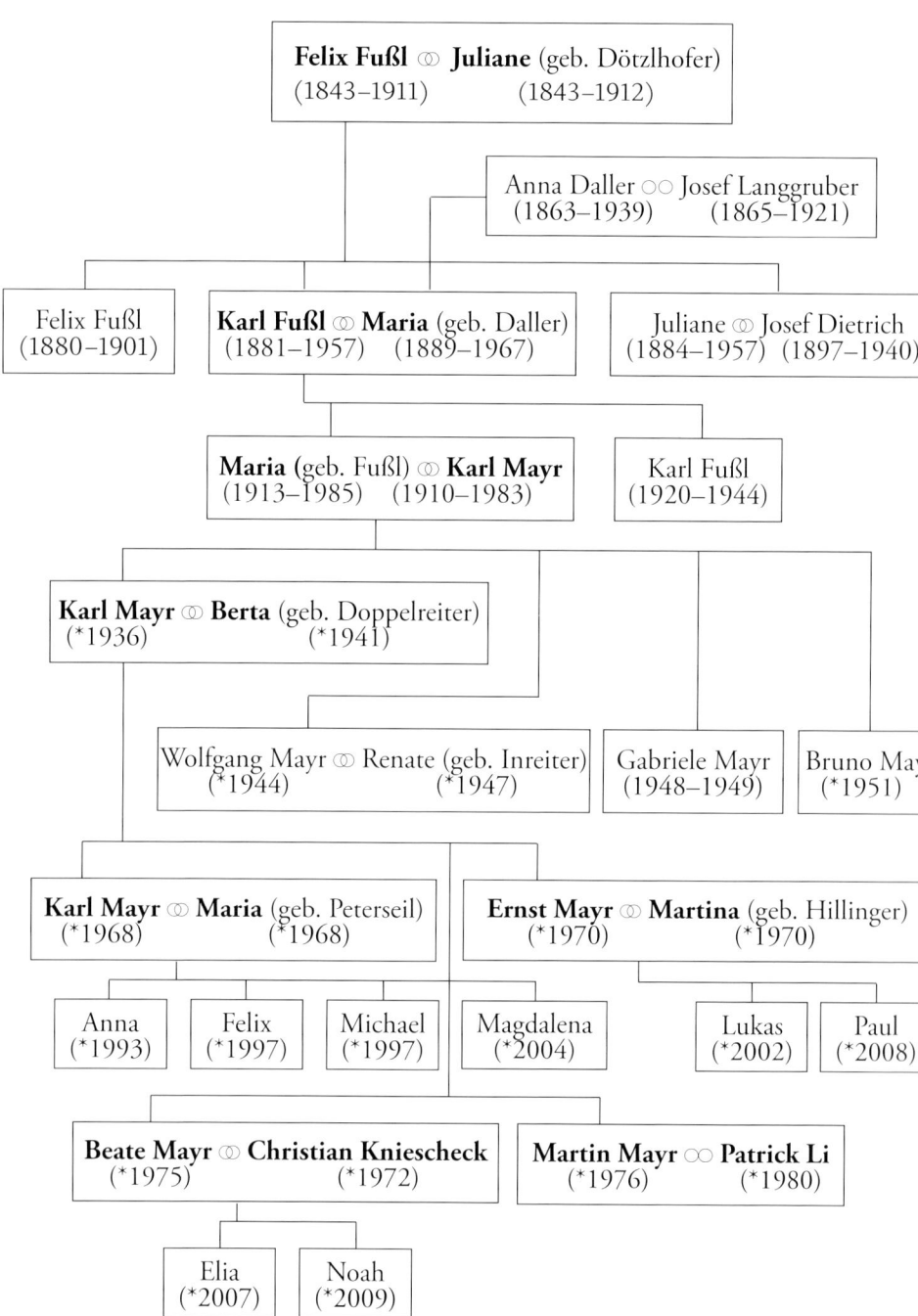

Felix Fußl ⚭ **Juliane** (geb. Dötzlhofer)
(1843–1911)   (1843–1912)

Anna Daller ⚭⚭ Josef Langgruber
(1863–1939)   (1865–1921)

Felix Fußl
(1880–1901)

Karl Fußl ⚭ **Maria** (geb. Daller)
(1881–1957)   (1889–1967)

Juliane ⚭ Josef Dietrich
(1884–1957)   (1897–1940)

Maria (geb. Fußl) ⚭ **Karl Mayr**
(1913–1985)   (1910–1983)

Karl Fußl
(1920–1944)

Karl Mayr ⚭ **Berta** (geb. Doppelreiter)
(*1936)   (*1941)

Wolfgang Mayr ⚭ Renate (geb. Inreiter)
(*1944)   (*1947)

Gabriele Mayr
(1948–1949)

Bruno May
(*1951)

Karl Mayr ⚭ **Maria** (geb. Peterseil)
(*1968)   (*1968)

Ernst Mayr ⚭ **Martina** (geb. Hillinger)
(*1970)   (*1970)

Anna
(*1993)

Felix
(*1997)

Michael
(*1997)

Magdalena
(*2004)

Lukas
(*2002)

Paul
(*2008)

Beate Mayr ⚭ **Christian Kniescheck**
(*1975)   (*1972)

Martin Mayr ⚭⚭ **Patrick Li**
(*1976)   (*1980)

Elia
(*2007)

Noah
(*2009)

Stammbaum Familie Fußl – Mayr

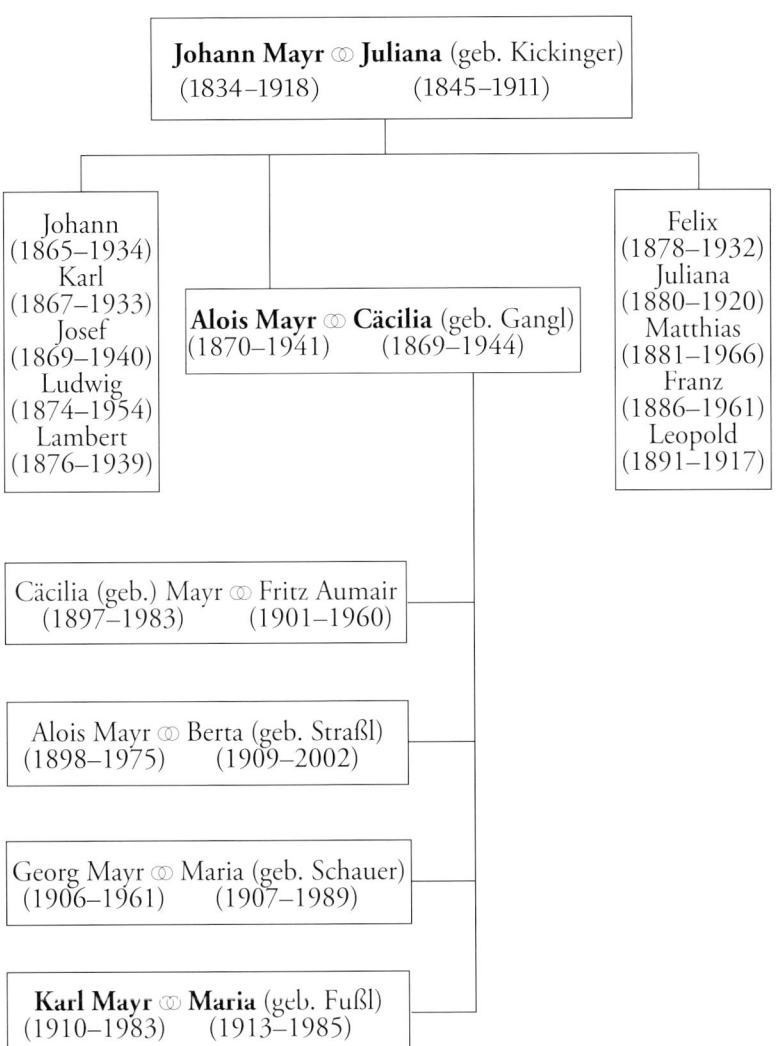

Johann Mayr ⚭ **Juliana** (geb. Kickinger)
(1834–1918)　　　　(1845–1911)

Johann
(1865–1934)
Karl
(1867–1933)
Josef
(1869–1940)
Ludwig
(1874–1954)
Lambert
(1876–1939)

Alois Mayr ⚭ **Cäcilia** (geb. Gangl)
(1870–1941)　　　(1869–1944)

Felix
(1878–1932)
Juliana
(1880–1920)
Matthias
(1881–1966)
Franz
(1886–1961)
Leopold
(1891–1917)

Cäcilia (geb.) Mayr ⚭ Fritz Aumair
(1897–1983)　　　　(1901–1960)

Alois Mayr ⚭ Berta (geb. Straßl)
(1898–1975)　　　(1909–2002)

Georg Mayr ⚭ Maria (geb. Schauer)
(1906–1961)　　　(1907–1989)

Karl Mayr ⚭ **Maria** (geb. Fußl)
(1910–1983)　　　(1913–1985)

Danksagung …

An erster Stelle danke ich Frau Mag.ᵃ Edith Auer, die geduldig und einfühlsam eine Reihe von Interviews mit meinem Bruder Karl Mayr, dem Fussl-Seniorchef, führte. Die Transskripte dieser Gespräche, an denen auch andere Familienmitglieder teilnahmen, waren die wichtigste Quelle für dieses Buch.

Überaus dankbar bin ich meinen Freunden Birgit Rieger und Jürgen Skarta vom Grafikstudio br_design in Weiden am See für die hochprofessionelle Bearbeitung von Fotos und Illustrationen.

Beim Orter Lokalhistoriker Peter Fußl, der über sieben Ecken möglicherweise mit uns verwandt ist, bedanke ich mich für wertvolle Hinweise und die Beschaffung historischer Fotos. Das von ihm mitverfasste „Heimatbuch der Gemeinde Ort im Innkreis" und seine „Häuserchronik der Pfarre Ort im Innkreis" waren wertvolle Quellen.

Franz Sammereyer, ein Freund aus Kindertagen, half mir bei Nachforschungen über die Zeit in Aurolzmünster. Danke dafür!

Mein Dank gilt auch jenen Mitarbeiterinnen und Mitarbeitern der Fussl Modestraße, die mir bei der einen oder anderen Recherche geholfen haben. Besondere Verdienste erwarb sich Markus Wagner, der aus dem Fundus des Hauses zahlreiche Fotos beisteuerte.

Das Lektorat durch Frau Mag.ᵃ Karin Ballauff hat dem Text sehr gutgetan. Unsere Zusammenarbeit war kollegial und harmonisch. Dafür ein herzliches Dankeschön!

Schließlich bedanke ich mich bei allen Mitgliedern unserer Familie, die mich bei der Arbeit an diesem Buch in vielfältiger Weise unterstützt haben, insbesondere bei meiner Schwägerin Berti und meinem Bruder Bruno. Zu größtem Dank verpflichtet bin ich meiner Frau Renate, die das Entstehen des Buches mit großem Verständnis und viel Geduld begleitet hat.

Wolfgang Mayr

Bildnachweis

Familienarchiv Fußl – Mayr: S. 12; 14; 15; 16; 17; 18; 19; 20; 21; 23; 25; 31; 35; 37; 39; 41; 47; 49; 53; 55; 57; 58; 64; 67; 68; 71; 78; 79; 80; 81; 82; 83; 84; 85; 91; 93; 95; 98; 104; 105; 108; 109; 112; 113; 115; 120; 121; 122; 123; 128; 129; 130; 131; 132; 133; 134; 135; 137; 141; 142; 144; 146; 149; 150; 154; 156; 159; 160; 161; 165; 167; 168; 170; 173; 175; 176; 177; 178; 181; 185; 187; 190; 191; 193; 194; 195; 197

Archiv Peter Fußl: S. 26; 76; 172

Gasthof Träger/Ried: S. 36

Arco-Zinneberg: S. 52

Pfarrmusik Ort: S. 100; 101

Foto Winkler, Linz 1955: S. 102

Max Ranseder: S. 106

Bundesministerium für Justiz: S. 119

SV Ried/Alois Furtner: S. 138

Wikipedia: S. 175